大時代小記者

一個眷村台灣人的私房筆記

曾明財——著

【出版緣起】

為優質新聞與傑出記者而努力

蕭新煌（卓越新聞獎基金會第二屆董事長）

卓越新聞獎基金會是為了肯定和獎勵優秀新聞記者而成立的。

新聞記者此一專業的特殊性，在於一個記者不論隸屬於哪個媒體，或擅長哪種路線，都應該是秉持報導事實真相、維護社會公益的前提去進行每日的新聞工作。記者不該只是一種謀生的職業，它頂著民主社會第四權的冠冕，又揭櫫言論自由的崇高價值，再加上自主性極強的作業方式，讓記者行業經常充滿個人主義色彩，有時又帶一點英雄主義氣質。

相較於學者專注與知識體系對話，記者較了解如何與社會大眾溝通。又由於經常站在重大事件的現場，他們必須目睹真相，見證歷史。在他們深入淺出、肌理生動的筆觸下，影響人類歷史的重大事件或關鍵人物，乃躍然紙上，栩栩如生。無怪乎在許多西方國家，最受歡迎的歷史人物傳記，往往出自於有新聞工作背景者之手。

當前臺灣的媒體環境實在令人很不滿意，不但有過於追逐市場、短視近利的經營心態，又缺少身為社會公器的組織自覺。一些優秀的新聞從業人員，在一開始有著滿腔熱情，卻囿於大環境，終究無法施展抱負，而挫折失望。

卓越新聞獎書系的出版計劃，就是為了鼓勵那些有志新聞專業，始終不放棄理想的傑出的資深記者，能將多年來在工作中的見聞和心得，經有系統的分析、整理後，以專書出現。這一書系的出版目的一則是要彌補報紙、雜誌或因篇幅有限，或因市場考量，所造成的題材限制；二則強調對特具意義的議題能有論述、剖析的深度與廣度。

此外，我們也希望引介國外優秀的新聞作品，讓他山之石作為本土借鏡，透過精良的譯筆，讓國內實務新聞工作者，及有志入行的傳播科系學生，也能有見賢思齊的機會。

今日的新聞，有可能是明日的歷史。新聞記者想做第一線的歷史記錄者，其工作品質的良窳，乃直接影響公眾耳目的清暗和善惡判斷。如果此一書系的出版，對臺灣記者的專業品質、工作經驗累積，以及工作成果發表能有貢獻，那我們的努力便沒有白費。

目錄 CONTENTS

推薦序　為歷史作小小的見證——讀曾明財《大時代小記者》／吳晟 009
推薦序　地方記者的時代印記／林元輝 023
自序 029

第一章

1．劉松藩的選舉紅包 032
2．台灣時報新兵 037
3．第一張助選證 040
4．冤獄與真假老鴇 044
5．太平歌劇媚影 049
6．省主席邱創煥帳單 054
7．陰沉的痲臉社長 058
8．小報記者老楊的晚景 062
9．熱情的祁股長 065
10．縣長室師爺 068
11．圍剿朱高正的幕後 071
12．好色的總編輯 075
13．海派酒店稅務員 078
14．調查局阿丁與四爺們 080
15．國民黨小黨棍 084
16．台中情色界秘密 089

第二章

1・省議會的憲調抓耙仔 094
2・中國時報小記者 099
3・首都早報美好回憶 105
4・捷安治三人幫 111
5・開娼館的理事長 116
6・黑道大哥火鍋宴 120
7・不打不相識的謝老大 124
8・丐幫幫主詹仔頭 127
9・老政治犯黃金島 131
10・施明德的綠島同學 138
11・縣黨部地下執行長 141
12・第一次被告 145
13・民主燒酒雞 148
14・叱吒風雲特派員 152
15・抄稿記者的護身符 155
16・查禁書的文化專員 158
17・大家樂明牌記者 160
18・怕太太的老獅 164

第三章

1．記者與安非他命 168
2．省政特派員之死 171
3．老胡的快門世界 175
4．難忘的報社美人 179
5．記者的油水 182
6．民主先行者陳博文 186
7．後備軍人輔導中心變賭場 190
8．血色蝙蝠降臨鹿港 195
9．為新聞賣命的廖志坤 199
10．建立社頭灘頭堡 205
11．芬園報王張崑 208
12．警總吃銅吃鐵官司 214
13．報老闆的乾兒子 221
14．當惡老闆遇上記協 226
15．新聞界摯友陳清泉 230
16．推廣台灣新文學 235
17．省議會耆老訪談 240

第四章

1．田尾鄉的民主發動機 252
2．俠義商人王昭武 257
3．優良校長梁瑞興 261
4．江湖的讀書人 265
5．林天成的正義之憤 270
6．矢志追求做自由人 275
7．黑手起家的楊啟 280
8．和美區四好漢 284
9．快車志工賴蒼德 289
10．民主酵母菌黃武志 294
11．鹿港黨外教父 299
12．線西最大膽女性 304
13．讀書賣米的李荻清 308
14．鄉下藥師藍正中 312
15．福興鄉兩個傻子 316
16．員林性情女子阿娟 320
17．梁媽媽戰鬥餐 326
18．伸港鄉油飯大王 330
19．哪裡最危險就往那衝 333
20．羅厝村三個小人物 338
21．最有義氣的林光銘 342
22．黨外鐵娘子助理 346
23．異議分子丁國興 349
24．身障舉重國手葉春秋 353
25．秀水鄉土地公林振利 357

為歷史作小小的見證——讀曾明財《大時代小記者》

吳晟（作家／詩人）

1

曾明財出生於一九五九年，成長背景很特別，「由於父親在二戰末期是日軍航空修理廠技工，戰後成為中國國民黨阿兵哥，擔任水湳機場機械士，因此在眷村長大，生活近四十年，是一般台灣人很難得的另類經驗。」

曾明財政治大學西洋語文學系畢業，服完兵役，一九八五年夏天，去應徵《台灣時報》招考新記者，二百人左右報名，只錄取十人，報到僅六人，短短五天受訓後，即展開記者生涯。因為看到老記者「淒慘晚景，我曾發誓絕不要和他一樣，如果老記者最後下場如此悲哀，要儘早逃離新聞界，沒想到自己竟待了十五年。」

大學畢業前夕，曾明財曾「夢想未來志向就是當『社會運動家』呢！」二〇〇〇年，曾明財離開新聞界，專注投入他擅長的文化活動、參與助選等等他關切的政治改革運動，義無反顧實踐年輕時候「社會運動家」的夢想。

其實，早在一九八八年三月，剛創黨的民進黨台中縣黨部成立，曾明財任職《台灣時報》台中縣記者，「因新聞工作經常出入」，「偶而熱心前往協助」，甚至熱心過度，不避諱、不假仙「客觀中立」，直接幫忙很多事務，被戲稱為「地下執行長」；不在意「在新聞界被貼上綠色標籤」。

「眷村子弟」曾明財，為什麼那麼「綠」呢？

這位眷村子弟有二大特別：其一、父母並非剛從「大陸」渡海來台的「外省人」，而是極少數土生土長、道地台灣人；其二、絕大多數眷村一代、甚至二代、延續到三代，深受「中華文化、黨國思想」教化；但他從年少就培育了民主意識。「就讀台中一中高二時，我開始看黨外雜誌，後來北上唸大學期間，一連串的中美建交、美麗島事件、林宅血案等衝擊，讓我更關心民主運動發展。」

威權體制教育、獨裁統治時代，受到一連串民主運動衝擊而「覺醒」的青年，固然不少，畢竟還是佔少數。像曾明財年少就培育了民主意識，剛出社會不久，即身體力行，為黨外人士助選，更是少之又少！

一個人的品格、思想與信仰的養成，除了外在環境（例如家庭背景、學校教育、時代潮流），以及接觸到某些人、某些閱讀等等際遇的複雜因素，應該還有天生本性的質素吧！

大約二〇一〇年，曾明財逐漸淡出職場，但未擱下筆，將自己眷村生活四十年回憶，以及最懷念的美好童年與青春歲月，家人和左鄰右舍「卑微小人物」的故事，一篇一篇記錄下來，二〇一六年十二月集結成冊，出版了《台灣人在眷村：我的爸爸是老芋仔》，「是那時代最真實的見證。」

前陣子閒談中，曾明財透露，《台灣人在眷村》出版之後，獲得不少迴響，更有動力持續在臉書發表「一人一事一文」形式的回憶錄文章，記述他十五年記者生涯的故事。即將出版《大時代小記者：一個眷村台灣人的私房筆記》，我主動表示可以寫一篇閱讀心得，他不好意思拒絕。

二〇二四年總統、立委大選之後，一月中旬，曾明財帶兩位大學同學來我家樹園走走，將成冊底稿親自送來給我。我女兒吳音寧參選本屆立委，選後需要處理的瑣事繁多，思緒紛雜，我儘量靜下心來，抽空閱讀，確實有很多感想。但我要先補述一個未見於本書的故事。

2

一九八七年七月十五日，國民黨政府宣布解除實施了三十八年、舉世最長的「戒嚴令」。

中國國民黨統治台灣，和實施「戒嚴令」有「異曲同工」的殘酷手段，即為組織嚴密而神秘的八大情治系統，延伸、擴張到海外，在各大學名校，暗藏抓耙仔（職業學生），監視校園，秘密蒐集千辛萬苦遠渡重洋去海外深造的留學生資料。

凡表達對國民黨政府批評、不滿言論，或參與示威遊行抗議等等「異議分子」，都會被舉報給所屬秘密「上級」，和外交部駐外使館「連線」，一旦有「案底」，名列「黑名單」，即被斷絕歸鄉路，拿不到回國簽證，踏不上自己的國土，回不了魂牽夢縈的家園台灣；即使父母去世，也不得奔喪，被迫只能「海漂」。

「黑名單」比「戒嚴令」更長，一九八〇年代末陸續解禁，最後一批准許返鄉，已是一九九二年之後。

我妻子的二兄、二嫂、二姊、二姊夫四人，也是一九九二年才解禁的最後一批海外黑名單人士。

二兄莊秋雄曾於一九八八年冒名闖關回台，但身分暴露，被航警挾持出境、強制驅離。

一九六五年赴美，一九九二年十月，二兄才第一次正式返台，回到故鄉。我們都很高興可以歡聚，約定南下來我們家那天，妻興奮地準備豐盛的晚餐，等待二兄來臨。直到電視晚間新聞時間，看到台中司法大廈門前發生警民衝突，多名民眾遭逮捕、拘禁的報導，大兄莊秋峰也在內。我和妻子大為驚惶，略做聯絡，趕緊驅車前往台中。

當我們抵達台中司法大廈，已是深夜，只見數排警察嚴陣擋在法院門前，大門附近聚集零星群眾尚未離去，議論紛紛。我沒有心思去注意，設法從側門進去大廈前面廣場，尋找到二兄，獲悉大兄確實已被移送台中看守所，只好勸又疲憊又茫然失措的二兄，回家休息再做打算。

原來剛從糧食局屆齡退休的大兄，專程北上接載返台的二兄，擔任司機。約定來我們家那天，二兄同時接受廖宜恩教授的邀請，順道先去台中參加《台灣評論》雜誌社舉辦的創刊說明會，恰巧在街上和陳婉真女士不期而遇。陳婉真正在台中司法大廈，以「台灣建國運動組織」名義進行抗爭，邀大兄、二兄一道前往。

二位兄長根本不了解情況，只是在旁觀看。警民衝突一發生，大兄護弟心切，眼看文弱的弟弟將遭到警棍擊打，自然反應擋在二兄之前維護，並大呼不可打人。推撞混亂中，大兄竟遭逮捕，並被輕率判處收押拘禁。

我們非常著急，要去探視大兄，但必須有某些身分的人士出面作保，例如立法委員、民意代表。當時正值立委競選期間，我向某位台中市立委求助，打電話到競選總部，請他們聯繫立委；不久接到回話，立委人在台北。

我直接到競選總部詢問，證實他們說謊。有位熟悉的競選幹部，坦誠相告，立委聽從幕僚意見，陳婉真是「衛組」，爭議性很大，司法大廈警民衝突事件，「理性」、「中間」選民觀感不佳。若出面協助我們，恐怕和陳婉真畫上等號，不利選情，考量現實，不便出面。

這位立委不但和我相識，他曾在美國遊歷期間，受我二兄照顧不少呢！竟然可以如此絕情絕義。他在台灣民主運動過程，的確有所貢獻，但在公義與選票之間，卻寧願放棄公義顧選票。我理解民主人士參與選舉的為難，但我不能釋懷，從此不再理會這位政治人物。

我們的社會人脈有限，求助無門，焦急惶恐可想而知；幸而貴人即時出現。和我相識不久，尚未深交的記者曾明財，當時擔任《台灣時報》彰化縣召集人，家住台中市，很關心這個事件，來採訪我。得知我們不能去探望大兄，主動聯繫他的同事（司法記者）張棋龍，協助交涉辦理會面申請，再由曾明財帶領我們去台中看守所探望大兄。

我們看到大兄舉步艱難，手撐桌面才能站立，已經感到心酸。詢問大兄有否挨打？大兄才向我們掀開衣服，只見整個背部處處瘀傷，在場親人啜泣不止，我也忍抑不住，淚流滿面。據大兄敘述，四名年輕警察架住他的雙臂雙腿，面朝下拖行進去，一面拖一面揮警棍毆擊大兄背部、臀部。

實在說，若非大兄健康狀況頻頻出現危急，面對欲加之罪的迫害，包括大兄本人，我們根本無畏無懼。但看守所醫護人員證實，大兄血壓一再飆高，甚為虛弱，恐危及生命。我們很擔心，多方奔走一個多月，才以保外就醫名義獲釋。

大兄拘禁期間，社會上有很多人關切，我一一感恩在心。特別感謝懷抱正義的陳武璋律師挺身而出義務辯護；有良知有膽識的同鄉蔡瑞煙檢察官設法協助；出面和看守所交涉的張棋龍記者；尤其是熱情率直的曾明財……。

曾明財多次陪伴我們去看守所探望大兄，並持續大篇幅報導這事件的發展；再安排「台中民主」有線電視台新聞部記者廖彩伶，在台中看守所前面採訪我，於晚間新聞時段播出。電子媒體影響力更大，雙管齊下，迫使司法、情治單位不得不重視。

這是大時代中一個小小的故事；是曾明財十五年記者生涯中，諸多仗義執言、扶助冤屈的小小故事之一；對我們家而言，卻是大大的恩情。

3

《大時代小記者》收錄曾明財七十六篇文章，每篇大約一、二千字左右，延續

《台灣人在眷村》寫作風格，記述他記者生涯，因採訪機緣，接觸、相識而有某些交集的人物故事。

記述最多的，當然是各報社、新聞界同業人員。

一款米飼百樣人；每個時代、各種行業，形形色色人等，所謂龍蛇混雜、良莠參差不齊，新聞界當然也不例外。

「大報記者人才濟濟，有些甚是優秀，採訪經驗豐富；有的氣質低劣，水準不甚了了。」

曾明財秉筆直書，寫盡新聞記者百態百相。

像抄稿記者、文抄公記者，只是個人工作態度，覺得好笑；更多涉及品格操守。

「有些記者麻將打得很凶，輸贏也大，或許他們外快多，不在乎每次輸贏數千或幾萬。」

記者有什麼外快？

最普遍的是「紅包」文化；即使到了二〇二〇年，還爆發某地方行政首長，集體「包養」記者的新聞，可以推想曾明財筆下，一九八〇、一九九〇年代，「紅包」

有多平常。

為什麼要送紅包？簡單說，當然是要求、請託「多說好話、不講壞話」。記者為了採訪管道，多做社會關係，可以理解；但直接收受利益，甚至於拍馬逢迎，利用記者身分，經營「副業」，「只搞交情，不敢揭發警政弊端。」很容易自失立場，未能守住傳播真相最起碼的新聞道德。

警政弊端，很多牽連黑金政治人物；時至今日，我們看到不少新聞媒體，對待某些地方黑金勢力，仍是「隱惡揚善」。

隱惡揚善是傳統美德嗎？新聞記者「隱真惡」、進而「揚假善」，坦誠說，無異是為虎作倀、助紂為虐。這些例子太多了。

我舉「印象深刻」的一篇報導，是一九九〇年代中期，我們地方上一位「台秀」議員，鄉親都很清楚其「不可言說」背景，「經營」什麼「行業」起家致富，某報竟以「彰化媽祖」為題，附上照片，大篇幅大大頌揚。我大大震撼。

這位號稱「彰化媽祖」（有夠離譜錯亂的諷刺呀！），他的家族政治勢力已延續三代，至今仍牢牢盤據彰南，仍經常有「揚善」的報導，是中國國民黨一大支柱。和精於經營媒體、「處理」新聞記者，有很大關鍵！

有趣的是，曾明財筆下，也是「隱惡揚善」，他推崇的、敬佩的正面人物，皆直呼真名實姓；有負面形象的，則隱其名，以英文字母、或以外號、簡稱代替。這是他的厚道與人情。記述已離世的同業，筆調柔軟，不勝唏噓與追念。

《大時代小記者》記述最多的，除了新聞同業，其次是地方政治人物。

一九八五年到二〇〇〇年，曾明財的記者生涯，正是台灣社會改造力量勢不可擋，從獨裁專制政體，轉型到民主自由國家的時代。

一九八六年，民主進步黨成立，突破禁忌；一九八七年，政府宣布解除實施了長達三十八年的「戒嚴令」，開放黨禁、報禁；一九九〇年，野百合學運；一九九一年，廢止「動員戡亂時期臨時條款」，萬年國會退職；一九九二年，國會全面改選；一九九四年，省市長開放民選；一九九六年，總統直接民選；一九九八年，廢省（省政虛級化）；二〇〇〇年，首次政黨輪替，民主進步黨終結中國國民黨五十五年統治。

一波又一波，推動體制改造的社會運動，曾明財熱情投入；積極參與一場又一場選舉，為民進黨候選人助選，又有採訪實務，和各黨派地方政治人物（以彰化縣、台中縣、市居多），甚多接觸、甚多了解，因而有甚多故事。

和曾明財同輩，或年長如我這一輩，經歷過那時代，閱讀這些篇章，必然感受特別深，帶領出更多回憶。但對於那十五年地方政治不熟悉，尤其是年輕讀者，閱讀上或許有隔閡。不過，文如其人，曾明財為人真誠直率、心胸開闊、不失幽默。他的文筆質樸無華，不雕琢不作態，寶刀未老、更洗鍊，條理清楚、脈絡清晰，每一個角色、每一則故事，都很真實、很精采，都是大時代的歷史縮影。

4

我和曾明財相識三十多年，新聞界少數難得的知友，對他的人格特質有兩句評語，應該貼切：浪漫情懷、古道熱腸。

浪漫情懷，具體表現在「跳槽」到《首都早報》。

報禁解除後，民進黨人士有意辦新報，開始籌備，延續「黨外」雜誌精神，以敢言做號召，台北採訪中心從各報挖角人才。中部請王世勛負責招兵買馬，但發出的英雄帖並不如意，認為新報很不樂觀，未克共襄盛舉。

曾明財也在受邀之列，有同事傳話，王世勛有事找他，他心中早有譜，「一直在思考如何拒絕，並已想好說詞。」因為當時他的身分是《台灣時報》台中縣召集人，備受地方首長禮遇，和幾家資深的大報特派員平起平坐，工作也駕輕就熟，而且《台時》每日實際銷售量高達四十萬份，前途大好。

到了約定見面，王世勛開門見山邀請他加入《首都》，並說他是「少數年輕記者中，文筆最好、最犀利的一位。」「短短沒幾秒我立即投降，興奮的忘了所有婉拒詞，只問什麼時候開始上工？」

為什麼幾句誇讚的話，他就「興奮的忘了所有婉拒詞」，沒有任何猶疑，立即接受？有兩個因素：

一是自我省思，「在地方跑熟了，也懂得開始混，常常晚睡晚起……」「有一陣子甚至和同業打麻將打得很凶，」「一直戰到傍晚要趕稿才匆匆收兵，隨便抄抄縣政府新聞稿……。」他想擺脫這樣糜爛的生活。

二是他對《首都》的理念認同，希望重振精神、有所發揮。

《首都早報》一九八九年六月創刊，一九九〇年八月廿七日停刊。曾明財提早在停刊前一個多月離職。雖然只有短短一年時光，卻「是我新聞工作最燦爛、最浪漫、最有意義的一年。」；也是「最值得回味」、「最美好回憶」的一年，因為在此期間，認識終生恩愛的伴侶Lisa。

古道熱腸，則表現在好打抱不平，常為不相識的市井小民冤案，鍥而不捨追蹤調查，民間訪談、調閱卷宗、進行查訪……，將調查真相，連續報導，終而獲得平反。

最具體的案例，在〈冤獄與真假老鴇〉這一篇，有詳盡的記述。而我相信，一定還有他未記述、行俠仗義的故事，如同一九九二年，我大兄的冤案，他主動聯繫申請會面，熱心奔走、報導，才能「保外就醫」獲釋。

曾明財這七十六篇小記者小故事，人情事理真實動人，又趣味十足，串連起來，就是一九八五年到二〇〇〇年大時代，台灣歷史的縮影。

地方記者的時代印記

林元輝（政大名譽教授／卓越新聞獎基金會董事）

我忝任卓越新聞獎基金會董事。敝基金會有獎助資深記者出版計畫。曾明財先生歷任《台灣時報》、《中國時報》、《首都早報》記者，也曾擔任台灣新聞記者協會會長，其大作《大時代小記者：一個眷村台灣人的私房筆記》申請敝基金會出版獎助，我忝任評審，覺得有下述幾方面可觀，推薦儘速出版。

不意曾先生託廖姓友人求序於我。我不認識曾先生，但既然細讀過書稿，大作也鉤沈了我不少生命記憶，樂意贅數語，恐不足為序。

此書除了第四章焦點集中，前三章自由散記，未見嚴謹結構，但於三方面頗有可觀。

首先，可見報禁解除前後地方記者生態，尤其《聯合》、《中時》兩報除外的地方記者生態。這類新聞史料甚少，此書可補缺憾。

我一九七八年五月底預官退伍考進《聯合報》，從實習跑板橋新聞入行，見識到《聯合報》不准與同業交換新聞甚至抄新聞的嚴格規矩，社方更期許挖獨家新聞。為了確保目標，《聯合報》記者向來不在記者聯誼會寫稿，以免獨家成了通稿，或抄新聞應付責任。

《聯合報》記者必須獨來獨往。孤軍作戰當然辛苦，但社方立場堅定，自認給業界最高薪，要求員工等量齊觀付出，不虧情理。能保證新聞品質，才能確保市場佔有率，口碑與廣告效果連動，利潤水到渠成。促成良性循環，確為經營勝義。

為了貫徹軍令，《聯合報》在各地需有自己的寫作間，尤其發展成報系後，設置各市辦公室，已合經濟效益。各地辦公室起先租用，一九八〇年代聯合報系日進斗金，絕大多數改為買斷。我兩進聯合報系，任職《民生報》副刊組記者期間，足履各地專寫報導文學作品，常打擾《聯合報》各地記者尋求支援，見證聯合報系一市一透天辦公室的榮景歲月。有房地產遍布全台，也是後來同業所以難望聯合報系項背。

曾先生憶舊各文，正好可見《聯合報》嚴禁自家記者涉足的相對世界，那也是一口江湖，自然天成，將養各種人物，值得有興趣台灣新聞史的人一讀，以開眼界。

作者在這口江湖存心的一道問題是：記者能不能拿公關人員的餽贈甚至紅包？除了散見各篇或多或少觸及，第三章且有〈記者的油水〉專文，容引三段原文，以為論助：

為了幾次收紅包，我內心還是掙扎不已，某日特別找有如兄長的王世勛深談，他在新聞界十年以上經歷，被評價為台中市府會記者操守最好者。他說：「我一樣收過紅包，只要不是主動向人家要錢，逢年過節的禮收下來沒關係！」

我將政治人物送的洋酒、禮券、禮物，漸漸視為人情世故應酬，當然也僅少數政治人物會送禮，彼此還是要有一些交情。

離開新聞界後，我很幸運沒有成為被人背後臭罵的記者。不過，依高標準來看，記者收禮、收紅包就是不當。每件收過的洋酒及禮券縱使已喝光或用光，仍是自己一道無法抹滅的疤痕。

可見作者嚴肅以對自己，不以「人在江湖，身不由己」自解。所謂「人在江湖，身不由己」，乃忌諱不拿破壞同業與餽贈者觀感，有礙日後工作方便，非貪其財，乃求人和。

此為問題，非另口江湖才遭遇。我有某韓姓學弟，負責《聯合報》採訪中心市政與科技小組期間，必須排解屬下困擾，其建議是若不拿傷和氣，儘管拿；但拿了，傷志氣，大可捐出去做慈善，以免心有罣礙。

《聯合報》標榜高薪養廉，其實也只相對奏效：有某日後位極報系管理職者，早年跑高雄港務局新聞，就違背報社禁令，私納港務局公關室遍發的「政令宣傳費」，甚至盜用高雄分社社章，瞞著分社負責人去領高雄分社不領、已積多年的既往「政令宣傳費」，違反社規非同小可。經發現，本當立即開除，竟跪地求情，終調回總社「留社察看」，卻善於察顏觀色琢磨高層心態，利用坐冷板凳時間埋頭寫萬言書，勸諭老闆不要以銷量大賺錢多為滿足，應效法《紐約時報》等質報一言九鼎，竟得鹹魚翻身，扶搖直上。但操守在同輩同事中自有定論，也不再能以操守領導。

可見作者嚴肅以對的是專業倫理的大問題，此問題也歷久彌新。

前三章另有可觀者，是解嚴前後地方的政治生態、憲調警等特務如何管控地方，和酒店、娼館、賭場、餐廳、情色秘境、地方歌劇院等市井庶民史，可單獨為視野，也可探索其交織牽連。

第四章專寫台灣民主運動過程彰化縣黨外先鋒與後勤志工，勾勒其當年無私奉獻，勇敢拚搏，意志感人。可想而知，全台各縣市也有類似民主推手，集結相會，既知不乏同志，乃能不懼，所以撼動戒嚴體制，推翻國民黨殖民統治。

作者是台灣子弟，但出身台中眷村，身世奇特。台中人，而為彰化縣記錄民主運動的草根青史廿五篇，計卅一列傳，也可謂巧緣。其他縣市也有民主推手，卻未見類似筆墨，第四章乃彌足珍貴。

更可貴者，讀者皆可體會許多草根志工無懼無私奉獻，才能合力終結威權政權。如今民進黨執政者，是不是皆能勤政清廉？有無趨炎附勢之徒進，而無私奉獻者出？第四章不無微言大義。

曾先生是政大西語系畢業，看生年敘屆數，同校約低我六屆。西語系畢業生多往攸關國際的職場就業，入本土草根開展生命者極少。政大校訓「親愛精誠」，雖是威權時代遺緒，字義其實無可挑剔，愚樂意奉行，以拙序為贈。

自序
PREFACE

中國國民黨政府在台灣曾經軍事戒嚴三十八年（一九四九至一九八七），有過全世界最畸形之一的媒體生態，遺毒影響甚鉅，迄今尚未完全消除。

廣播和電視頻道被黨國體制壟斷，報紙限制僅三十一家，大部分是黨報、官報、軍報及小報。號稱民營的兩大報《聯合報》、《中國時報》，老闆都是國民黨中常委，早已自我閹割為「左右護法」。

一九八五年冬天，我進入新聞界，還屬黨禁、報禁、言論管制期間，專職的地方記者人數不多。社會上一片亂象，朝野政治面不斷有衝突，那是最黑暗的時代，也是令人充滿期待、將迎向光明的一刻。

回顧那時代，王伯仁二〇一三年出版《看千帆過盡：一位省政記者的憶往》，近年也看到多位台北大報記者作品，包括司馬文武在《壹週刊》發表回憶錄、卜大中《昨日報：我的孤狗人生》、俞國基《意外的新聞人生——編輯台憶往》以及彭琳淞主編《自立容顏》等，都擲地有聲，深具價值。

我在地方基層跑新聞十五年，雖是小報記者，很幸運見識解除戒嚴前後的媒體現象，也親身體驗一些很深刻的事件。與多數資深記者的歷練比較，在台中和彰化的小故事，應該算是很另類。

非常榮幸有此機會將文章彙整成書，特別感謝卓越新聞獎基金會獎助出版，以及名作家吳晟和林元輝教授的推薦序。同時，也要謝謝關照過我的新聞界前輩，還有許多參與民主運動的基層小人物與好友們。

第一章

01 —— 劉松藩的選舉紅包

我當記者首次拿到選舉紅包三千元，是曾任立法院長劉松藩送的。後來他居中介紹台中「廣三集團」向銀行非法超貸十五億元，取得一億五千萬元佣金，涉嫌背信罪被判刑四年而逃亡海外。

中國國民黨執政的「萬年國會」時代，一九八六年立委選舉是中彰投四縣市一個選區，劉松藩代表台中縣紅派，搭配國代候選人林欽濃參選，兩人都爭取連任，實力雄厚。

劉松藩邀請餐敘前一晚，我剛好在台中朋友家認識從台北來的《中國時報》記者Y，得知隔天有記者會，他表示很有興趣，乃相約一起前往。

記者會在豐原最豪華的「肯尼士」飯店召開，除了府會記者，還有多位縣議員及黨工，席開五桌。我首度跑選舉新聞，更是第一次和候選人餐敘，Y則是老鳥了。我向同桌記者介紹Y，也一起等菜餚上桌。

剛一進飯店，就有劉松藩的助理拿文宣給每位記者，等待用餐時間，我打開牛皮紙袋，除了新聞稿還有一個信封。哇！裡面裝三千元，我緊張地東看西看，不知如何處理？

其他記者都老神在在，不以為意，這種選舉紅包司空見慣吧！看Y也打開信封，我悄悄問：「要怎麼處理？」他暗示餐後再說。菜餚非常豐盛，賓主盡歡，大家並預祝劉松藩、林欽濃高票當選。Y與林欽濃是鄉親，兩人熱絡聊了一會，他在台北新聞圈已小有名氣，林對他也很客氣。

Y年長我一歲，江湖歷練比我多，餐後告訴我：「這不義之財收下來，要捐給慈善團體或請朋友喝酒花掉，隨自己的意思。」錢我收下了，是怎麼花掉的？現在也忘了。我月薪約兩萬元，三千元對我來說不無小補。

報禁還沒開放，新聞尺度沒那麼寬，地方記者更保守，候選人負面新聞很少見。劉松藩的三千元是給記者見面禮，希望大家多捧場。倒是台中縣黑派立委候選人林庚申，並未比照辦理，或者他只送特定記者紅包？我名不見經傳，當然沒被看在眼裡。

隔了三年，被視為金牛的台中「長億集團」董事長楊天生，推出少主楊文欣出馬參選省議員。報禁開放後，楊天生投資《太平洋日報》並掛名副董事長，此次少主參選則由該報台中特派員W出面打理公關。邀請記者餐敘場面也不小，酒酣耳熱後，W發給每人文宣資料袋，內有厚厚的紅包。

這是我跑選舉新聞第二度碰到狀況，而且更大包，裡面有一萬元。少主已先離席，多數記者也紛紛散場，我跟W說：「啊！不用啦！我們都那麼熟，不用啦！」在場只剩我和兩三位《太平洋》記者，我堅持退還，W則千拜託、萬拜託，說不要讓他為難。

我是老鳥了，既然如此，已知怎麼處理。想起上次Y的建議，我騎機車轉往民進黨候選人廖永來總部，以楊家少主名義贊助。競選總部助理王保堂很訝異，少主怎會捐款？我請他收下來，並在贊助欄貼上少主大名致謝。

後來，阮剛猛一九九七年競選連任彰化縣長，新聞公關是一位國民黨資深黨工，也是我認識的朋友。某晚他約到競選總部前碰面，聊天後拿出兩個紅包，說一個給當主管的我，另一個請轉給我同事麗珍，各一萬元。

距「劉松藩紅包事件」十年了，我已是老江湖，輕輕鬆鬆就婉拒了。拍著黨工肩膀說：「老朋友了，不用啦！」我也幫麗珍回絕紅包，隔天回到辦公室告知此事，她微笑點頭。

怎麼可能收阮剛猛的一萬元？嘿嘿！以我當年行情，如果送一百萬元紅包，可能眉頭才會「動」兩下，稍微考慮吧！哼！區區一萬元，實在太鄙視我了，哈哈！

進了社會大染缸，年紀愈大愈覺得金錢的重要與好處。幸運的是自己在選舉紅包這部分，還算污染不深。不過也可能自以為大牌，但政客根本看不上眼；或者不是共犯結構，哪有機會一窺黑盒子內幕？

回想一九八五年台中市長選舉最後關鍵，《台灣時報》記者王世勛發出聲明〈要斬雞頭的，通通出來斬到底〉，更傳出各媒體主管幫國民黨助選者，各有十萬或二十萬元紅包醜聞。

歷年重大選舉，新聞界有大小紅包傳聞，有前金後謝，有的甚至不堪入耳。彰化縣長候選人魏明谷二〇一四年擬邀約各電視台記者餐敘，在地記者窗口提出每人「出席費」一萬元起跳。

如今新聞界的選舉紅包行情如何？一般記者又是怎麼處理？可能各顯神通或各有一把尺。我自以為老江湖，或許年輕一代操作手法都更上層樓，與之比較，實在嫩得很。

02 台灣時報新兵

總社位於高雄的《台灣時報》一九八五年夏天招考新記者，資格限大學學歷，筆試國文、英文和時事測驗，高雄和台北各有一個考場，共二百人左右報名。隔兩個月再經過第二關口試，最後錄取十名，我是其中之一。

收到錄取通知後，在高雄集訓五天，來報到僅六人，課程包括新聞寫作、採訪實務、國內外政經情勢，還去參觀編輯部、外電收發室、印刷廠，也跟著資深記者到市政府實地採訪。

那幾天適逢縣市長選舉高潮，我們晚上更去鳳山聽黨外候選人余陳月瑛政見會，現場人山人海，非常熱鬧。幾位新同事似乎對黨外運動不甚了解，回到旅館還聽我滔滔不絕講述。

結訓當天下午，我們又一起搭火車趕往台北三重，去聽黨外縣長候選人尤清最後一場私辦政見會，場面熱烈。我特別搶閱一份《彩虹戰報》，後來得知是才女陳文茜主編。

隔日大家分道揚鑣，我分發到中興新村，唯一的女性詹素貞跑外交部，另四人在台北採訪組各有路線。過了半年，因薪水太低或沒成就感，這四人分別辭職或跳槽了。

《台灣時報》創立於一九七一年，首任董事長吳基福，口號是「無黨派，獨立報」，以政治新聞著名，並成為南部第一大報，被稱為「黨外報」。因財務問題，一九八二年董事會改組，換王玉發上位。王家大哥是曾任高雄市長的王玉雲，家族後來出了一個監委、兩個立委。

集訓期間印象最深刻之一，是分別晉見王董事長和孫社長。董事長全程講台語，對我們頗多期許，看起來是一位和藹的長輩。社長是外省人，六十歲左右，接見我們時，旁邊還站著主任秘書，也是外省人。不過和社長面會時間沒一分鐘，彷彿僅隨便打個招呼而已，也沒聽他耳提面命。

走出社長室，陪同晉見的某主管說：「社長是國民黨文工會派來的！」一份被認為支持黨外的報紙，怎會有國民黨高幹當家？我很訝異！

主管說董事長對社長「相敬如冰」，表面上客客氣氣，其實根本沒權力給他。而這位社長扮演的角色，顯然是國民黨派來就近監控，但編輯部卻沒人鳥他，僅社論是由國民黨某蛋頭學者長期擔任總主筆，社論和記者的新聞特稿觀點經常打對台。

過了幾年，孫社長轉到國民黨《中華日報》任職，微妙的是《台時》後來很多年都沒社長，由總編輯兼任副社長，一切依其意見為主，實際上也僅是董事長傀儡。

03 第一張助選證

就讀台中一中高二時，我開始看黨外雜誌，後來北上唸大學期間，一連串的中美建交、美麗島事件、林宅血案等衝擊，讓我更關心民主運動發展。剛出社會不久，竟有機會為黨外助選，雖只是小蝦米，非常有光榮感。

一九八〇年代中期，《台灣時報》王世勛已是知名大記者，常有獨家新聞讓國民黨灰頭土臉。尤其市長大選期間，有更多令國民黨難堪報導，各方壓力撲面而來，他也毫不在乎。

我到報社上班首日，適逢王世勛帶一疊聲明稿進台中辦公室，內容砲轟國民黨文宣陣營，並公開市長林柏榕揭露國民黨候選人張子源一段內幕，掀起選舉另波高潮。

台中同事大都用台語交談，我則講標準華語，加上來自眷村，他們把我當外省人看待。市長選舉過後，在立委許榮淑和省議員何春木鼓勵下，王世勛決定參選市議員，同事們都幫他助選。競選總幹事是新聞界出身的吳哲朗，王世勛自己寫文宣，核心智囊則是好友利錦祥和《中國時報》記者王伯仁。

正式登記參選日，必須呈報助選員名冊，許多朋友私下願幫忙，卻不便公開身分。一起助選的同事張棋龍問我可否掛名？我毫沒考慮，馬上說好，隔幾天領到選委會發放的「助選證」。

王世勛以「黨外」、「勇敢、正直」為訴求，競選總部成立典禮當天，透過王伯仁邀來康寧祥、謝長廷、游錫堃、張德銘等黨外政治名人。因他是作家出身，曾入圍第一屆《自立晚報》百萬元長篇小說徵文決選，文學界鍾肇政、李喬也特別來助講。

我和省政組同事陳清泉一樣投入很深，多次與王世勛外出拜訪。投票前兩天，在吉普車上繞街拜票，我站在王世勛一旁陪同揮手，陳清泉則在另一車拿麥克風宣傳。

選舉揭曉，王世勛在東、南區共獲四千多票，排名第五。開票過程都不見他人影，事後說太緊張了，整個下午陪兒子去打電動玩具，直到獲悉當選才鬆一口氣，趕回總部和大家一起慶功。

對於第一次幫黨外助選就當選，與有榮焉。不過，因長達一個月的新聞表現太差，每天只會抄省政府官方稿，讓編輯部長官很不滿意。

省政特派員S即將高升台北採訪中心主任，當面邀我北上共事，考慮兩天後，回覆同意前往。農曆過年前，接到報社人事調動令，地點竟是偏僻的台中港，意外被擺了一道，卻也因禍得福，進而展開精采的地方採訪生涯。

王世勛當選台中市議員（曾明財/攝影）

04 冤獄與真假老鴇

一九八六年元月舉辦的市議員選舉之後不久，《台灣時報》台中市林特派員突然被離職，三十八歲的豐原記者王錚三月一日升任特派員。

原本在台中港茫然度日的我，前一天被通知調往豐原，首日就跑台中縣議會議長選舉新聞，國民黨提名副議長候選人李有福意外落敗。當天強烈寒流來襲，手指凍得幾乎無法執筆寫稿。

隨後的日子，人生地不熟，每天像無頭蒼蠅，經常吃完中餐後，回到與友報記者合租的辦公室抄稿，下午趕著到豐原火車站託寄稿袋後，大家開始教我打麻將，從五元、十元玩起，就這樣摸索幾個月。

因經常報導黨外新聞，《台時》被認為比較敢衝，編輯部也常接到民眾信件訴求平反冤情，七月上旬接到豐原張先生陳情書，立即轉交給我處理。

我忐忑不安地到張家採訪，張先生有點口吃，他激動指出，年約五十歲的哥哥，因拒絕將剛出生的小狗送管區警察，竟無辜被以「一清專案」流氓移送管訓。

跟著張先生去訪談幾位鄰居，大家都認為冤枉，我立即將這則獨家新聞發出，隔天見報後，私下拜託《中國時報》記者章樹珉，陪我到縣警局進一步了解。局長馬鑫昌很客氣地接見，強調一清專案經由調查局、縣警局、憲兵隊和警備總部共同背書，辦案絕對公平公正，不會無緣無故抓人。

一九八四年十一月啟動的一清專案，是由警備總部主導，針對台灣各幫派全面大掃蕩，送黑道大哥去綠島管訓，首要目標是竹聯幫幫主陳啟禮，另取締六百五十一個幫派，共三千一百四十一人檢肅到案。

馬局長為表誠意，還特別從鐵櫃取出卷宗檔案，向我證實張大哥有七件罪行。結果拿到手上一看，卷宗內容洋洋灑灑，實際彙整只有三件，竟是連續幾晚在家喝醉酒翻桌，嚴重吵到鄰居。

我仔細翻閱無誤後提出質疑：「三次在家喝醉酒吵到鄰居，就要被以流氓名義移送管訓嗎？」馬局長看我不識相，都將秘密卷宗讓我看了，竟還質疑？他聲音也大了起來，有點惱羞成怒，章樹珉趕緊出面打圓場。

回到辦公室寫稿，我當然毫不客氣地揭露卷宗內容，批評此案不當之處。編輯把這則新聞做很大，放在中部地方版頭條，立委許榮淑台中服務處也主動關切本案。

兩個月後，張先生和甫出獄的哥哥，帶一瓶酒來感謝我。台東監獄證書註記：「在獄中表現良好，提前釋放。」一清專案流氓沒有三年以上苦牢，哪有可能放出？他真的是冤枉，另外，新聞報導引起重視也有關。

強索小狗未遂，濫扣他人罪名的警察，事後是否被處分？包括調查局、縣警局、憲兵調查組及警總，共同背書將張大哥移送的承辦人和主管有沒有責任？在那戒嚴時期沒人了解。

我連續發了幾天新聞，其他報社警政記者都沒人跟進，只有我敢得罪馬局長。事後我也不懂追根究柢，只覺得自己做了一件好事。

不久，豐原市鐮村里里長主動找到我，表示鄰居一位七十多歲阿婆，孤苦無依，每天都在家裡，竟無緣無故被檢察官以私娼館老鴇身分起訴，盼《台時》主持正義。

我和里長到阿婆家實地訪談，里長更拍胸脯保證阿婆不可能經營私娼館，我乃到移送本案的豐原警分局進行查訪。問了兩個去現場抓私娼的員警，竟都支支吾吾，似乎其中藏有玄機。

原來，某警官率三名員警前往潭子鄉抓到幾名私娼，老鴇和保鑣留下姓名卻跑掉了。警方做完筆錄，狸貓換太子，竟將與老鴇同名同姓阿婆檢附其戶籍地址函送法辦。

阿婆接到地檢署兩度傳喚，在偵查庭什麼都不懂，以證人出庭的員警，則都指她是逃逸的老鴇無誤。檢察官草率起訴，法院即將開庭審理。

我寫成八百字新聞稿後，也聯繫《中時》章樹珉，聽到風聲的《聯合報》老尹更立即趕來。兩個大報記者不敢大意，傍晚又各自到阿婆家跑一趟，除了拍照也進一步採訪。

兩大報在報禁時代獨領風騷，誰都漏不起重大社會新聞。《中時》、《聯合》第二天都是全國版頭條，《台時》則是中部版頭條，其他小報也有報導，都是改寫我提供的稿子。

新聞見報後，警政高層要求縣警局徹查，相關員警都飽受壓力。我上午持續到豐原分局採訪，發現原先跑掉的保鑣已來做筆錄，證實鐮村里的阿婆並非老鴇。到了下午，筆錄竟被竄改，和我原先看的部分內容不一樣，又是一條新聞。

第三天再到分局，那名率隊的警官對我很不諒解，認為事發至今，沒必要每天追新聞，害他們被處分。

過了幾天，真的老鴇終於主動在台北投案，《中時》、《聯合》從台北發出新聞，也將她的照片登出。這五十歲婦人與七十多歲阿婆比較，天差地別，幾個警察竟昧著良心偽證，實在可恥。

《中時》社論隔日又以〈真假老鴇案〉為題，深入探討台灣人權，我覺得自己又做一件好事。台中法院數日後開庭，以真老鴇已投案為由，還給同名同姓阿婆清白。

雖然我沒什麼警政新聞經驗，但跑過一清專案冤獄與真假老鴇案，開始真正體會記者可以行俠仗義，也感謝章樹珉給我許多信心與聲援。

05 太平歌劇媚影

百老匯音樂劇《歌劇魅影》和電影，全球轟動一時，其實台灣早期也有歌劇「媚」影，各縣市歌劇院林立，盛況空前。

一九八〇年左右在台北唸大學，到處都看得到「南勢角」歌劇院海報，加上一大堆洋秀、土秀的誘惑宣傳詞，心裡癢癢卻沒機會一窺究竟。

直到服兵役期間，部隊從新竹移防到桃園龍潭，某天休假準備回家，竟在中壢車站前發現歌劇院，有些心動。在劇院外徘徊多時，猶豫不決，但火辣辣海報終於引誘了我。遞錢買票閃進場之際，唯恐被人看見，心臟狂跳不已。

那是我生平第一次知道「牛肉場」是怎麼回事？哇！台上美女如雲，身材奧妙，一個個濃妝豔抹，陸續盛裝出場，先唱一首歌，接著一件一件脫，全裸再唱一首，然後接棒換人。哇！又上來一位美若天仙小姐，數百個男人雙眼焦點全在她身上。

由於美女多，節目整整演出兩個小時，落幕前，主持人還特別請所有小姐出場，近三十名全裸美女排成一列。一時間眼花撩亂，場面震撼，不知要欣賞哪一位？

退伍回到台中，發現市區新開兩家歌劇院，中山路的知名歌廳也改以洋秀號召。二哥認為我剛出社會要開開眼界，還特別帶我到「貝多芬」歌劇院看土秀。

可能是在中壢牛肉場被震撼教育過，我在「貝多芬」已不緊張了，學習看門道、看主持人功力和觀眾百態，也研究齷齪虛偽的站崗員警神情。

一九八六年在我跑新聞的轄區，「太平」歌劇院隆重開幕，台中同事C好奇歌劇在偏僻鄉下怎麼唱？乃騎機車載我一起前往考察。

太平鄉有很多新興社區，兩人路都不熟，依海報地址沿著精武路繞一大圈，還是找不著。轉來轉去問了好幾人，才在節目開場前匆匆趕到，立即買票進場。一張二百五十元，真的好貴，C請客。

看完節目我們滿意的不得了，尤其約四十歲的主持人風韻猶存，有如江湖大姊大，聲音富磁性，全場風趣幽默，讓觀眾開心不已。

太平歌劇院位於菜市場二樓，每位小姐盛裝打扮，也都有相當姿色，和中壢牛肉場一樣，唱第二首歌也是全裸演出，更有樂隊現場伴奏。歌藝不好的小姐還會被主持人消遣修理，也就是說沒有相當條件，很難上得了台。

就這樣一傳十，十傳百，太平歌劇院打出知名度，據說場場客滿。每有新檔期，C必邀我一起當忠實觀眾，我們也漸漸有了心得，懂得怎麼品頭論足。

縣政府教育局是主管機關，歌劇院每檔必送招待券拜碼頭，教育局懂得孝敬長官，也會分配多張到縣長室。縣長秘書私下獲悉C和我略有研究，我們兩人也因此省了不少錢。

某年國民黨全國黨代表選舉競爭激烈，台中縣長也是候選人之一，動員各方人馬拉票。投票當天中午，沒看過牛肉場的縣長秘書W，剛好手中有幾張招待券，拉著我和另兩位記者藉口下鄉看選情，開車急奔太平鄉。看完火辣辣、赤裸裸演出後，得知縣長也已高票當選黨代表。

縣長室另一位秘書H平時中規中矩，生活嚴謹，也沒見識過牛肉場。為了開葷，某週末我專程陪同考察，他也看出味道來。未料演出正精采時，他的頭和身體突然一直往下縮，直說「慘了！慘了！」

原來前兩排左側座位上，他熟悉的某議員正看得津津有味，幸虧沒回頭發現他，只好一直縮躲。萬一被看到，彼此將多麼尷尬。

H出場後開心說：「該議員曾當過兩屆鄉長，和縣長不同派系，最近對縣長有不滿之處。發現他對歌劇有興趣的秘密，以後懂得怎麼安撫，將定期送招待券給他。」

歌劇院小姐環肥燕瘦，有微笑認命演出者，有臭著臉出來打混的，邊嗑藥邊亂擺的，也有很生澀的初出茅廬者，每個人背後都有一段故事。不管如何，主持人就是要求每位小姐，要讓觀眾開心痛快，滿意的回家，下一檔再來捧場。

除了欣賞歌藝和身材，我又進一步注意包括外省老芋仔、基層勞工、老年人的觀眾回應，還有黑社會保鑣、歌劇院老闆與警界關係。

在票房旁邊的辦公室內，有幾個警察與業者泡茶聊天，形式上定期查訪。雙方心照不宣，管區派出所與上級利潤均霑，這也是幾百年來黑社會或色情界生態。

有一天，台中市某警政記者義憤填膺報導太平歌劇院，指其敗壞社會風氣。警方有了壓力，派員到觀眾席坐鎮，歌劇院也要求小姐穿上內褲再加薄紗，全場觀眾哀聲嘆氣。但再過幾天故態復萌，台上台下又都開心了，因為警政記者已被打點安撫。

偶而我和C南下開會，都趁機考察高雄歌劇院水準，甚至還曾專程到台北西門町趕場，研究北中南三地差異性，直到眼睛痲痺。比較之下，不論主持人、樂隊、音響、美女、舞台佈置以及兩側保鑣態勢，太平歌劇院都是台灣首屈一指，無與倫比。

就在各縣市歌劇院最鼎盛時，一夜之間，從南到北突然紛紛關閉，太平歌劇院也不支倒地。是觀眾不再有興趣？警方嚴格取締所致？或者色情錄影帶已盛行？許多人非常錯愕，迄今仍回味無窮。

06——省主席邱創煥帳單

邱創煥擔任台灣省政府主席期間，他的學生陳庚金是台中縣長，邱喜歡打高爾夫，豐原「興農」高爾夫球場是他的最愛，縣政府長期買單，卻意外被我壞了事。

到縣府跑新聞，我偶而會到位於中庭的「服務中心」吹冷氣或聊天。服務中心並無「主任」編制，平時由計畫室一位股長或職員坐檯，因我經常出入，甚至幫忙接待民眾，職員和工友小妹均戲稱我是主任。

一九八六年秋天某日，用完中餐回到縣府，見兩位年輕男女在服務中心焦急等候，我半開玩笑以主任身分請小妹倒茶，並禮貌問候兩人，隨後交換名片攀談起來。

「為什麼還沒去用餐？有什麼需要幫忙嗎？」我關心地問著。「我們是來請款，因計畫室主任N上午公出，正等他午後上班時間回來。」那位打領帶的男職員正經回答。

從名片知道兩人在興農高爾夫球場任職，我們隨興聊，也話話家常。十分鐘後，我問：「怎麼要親自來領款呢？不是由財政局撥款匯入即可？」男職員說：「因為縣長的款項拖欠很久，球場已催促好幾趟，都沒收到款，因此今天再度前來。」

縣長打高爾夫球遲不給錢？有趣喔！我繼續和他們聊天，也跟計畫室股長笑說：「要趕快給人家錢喔！」這兩位興農職員聽了也很開心。

到了上班時間，兩人上樓拜訪N，我則在服務中心等消息。一會兒後，兩人下樓來，向我聳聳肩說：「還是沒辦法，只得下回再來。」

我送走兩人，覺得挖到好新聞，下午回到和友報記者合租的辦公室，整理剛才所見所聞，立即寫數百字文稿，並請夥伴們傳閱參考。

《台灣新生報》記者阿霞比較有經驗，認為要平衡報導，她也負責打電話跟縣長室聯繫。不久，關說電話接二連三而來，先是那位興農男職員打了兩通，可能受了官員壓力，拜託我千萬不要刊登此事。接著換計畫室股長、縣長秘書也來電，似乎事態嚴重樣子。

阿霞後來直接和縣長本人通上電話，說著說著，她竟激動對縣長抗議起來。縣長以《新生報》為官方媒體為由，要求不得寫此新聞，令阿霞很生氣，掛完電話後，向大家訴說剛才通話內容，並堅持一定要報導。

一位資深的縣長秘書傍晚親自跑來，一再向阿霞說對不起，看記者們都已截稿寄出，他也無力挽回，立即又趕回縣府通報。

第二天包括《台時》、《中時》、《新生報》、《台灣新聞報》、《中華日報》同步刊出，我認為這新聞其實沒什麼大不了，縣府快一點付帳給興農公司，不就沒事了。

隔年元月，我又調回中興新村跑省政新聞，方知這起帳單事件後續嚴重發酵，除了台中《地方事》雜誌深入追蹤，還有議員在議會質詢縣長，引起軒然大波。

原來新聞見報當天，縣長一大早就被省主席熱線電話痛刮一頓，要求迅速付帳。那幾筆帳單都是縣長陪邱創煥主席打球所欠，可能擔心媒體曝光影響形象，大發雷霆。殊不知我僅是菜鳥，其他報社記者也沒人敢捋虎鬚。《地方事》雜誌圖文並茂，除了揭露欠款未清，更進一步抨擊邱創煥「每次打球都勞師動眾，警方在豐原水源路沿途防備，幾乎到三步一哨、五步一崗地步，又不是皇帝出巡，嚴重浪費警力。」

我是看了雜誌才知邱創煥罵縣長以及後半段發展，為此哈哈大笑。省主席和縣長心情很不愉快，我則很爽，宛如打了一場勝仗。

07 陰沉的麻臉社長

在台中縣跑新聞的外省老芋仔，分成好幾掛，其中幾位長相奇特、神情詭異，又有點陰沉的樣子，經常獨來獨往，也自成「丐幫」另一支派。

我很快就和多位丐幫記者有了交情，但「麻臉」和少數幾個老芋仔，因為看起來心術不正，我都敬而遠之，偶而相遇僅禮貌點頭而已。

麻臉六十多歲，臉上坑坑洞洞，長得高高瘦瘦，在新聞圈算是老鳥，辦一本發行量低的雜誌，掛名社長。不過沒什麼人緣，也很少和其他記者打交道，他偶而進入縣府記者室都獨坐角落，冷眼看人。

我對麻臉背景一無所悉，也未互動過，甚至沒聊過天。未料卻在半年後的選舉期間，莫名其妙和他有激烈衝突。

立委候選人登記後，我只參加過紅派劉松藩一場記者會，跟著多數記者吃一餐選舉飯。至於黑派林庚申則不曾開記者會，也神龍不見尾，反正在賄選橫行的年代，有派系樁腳當靠山。

投票前一個星期某傍晚，我已截稿了，返回縣府記者室找人聊天，發現麻臉也在座，拿著甫出爐的雜誌散發，我好奇索取一本看看。

雜誌內容空泛，文章索然無味，倒是有一則一百字的花絮，指林庚申在選舉公報自稱「中醫博士」是自吹自擂，而且是假學歷。我向麻臉表示這則很有趣，可否借用來跟「林博士」調侃一下？他點點頭，還跟我說明幾句。

林庚申曾任兩屆縣議員，沒有響亮學歷，卻是特考及格的中醫師，擔任「中醫師公會全國聯合會」理事長，顯然有其高超本事。但和某些不學無術政客一樣，也想花錢買學位充門面。

隔天我發了一則數百字的「假博士」新聞，但未被報社採用，覺得有點可惜。過了一天重傳，還是沒刊登。不知什麼原因沒見報，我也未追問，隨著選舉結束，對這事也淡忘了。

過了半個多月的某下午，經過記者室門外，一位縣長秘書說我名字上了麻臉的雜誌。我不知究竟，從他手中拿來翻閱一看，某則報導竟指名道姓，說我某月某日到林庚申競選總部拿了錢，所以才沒寫「假博士」新聞。

到底誰招惹了誰啊？我當場憤怒不已，面紅耳赤，臉部肌肉扭曲，感覺這輩子從未如此受辱。獲悉麻臉正在記者室，我立即衝進裡面，激動地將雜誌擲向他身上，指責他抹黑亂寫。但麻臉坐在沙發椅上，如老狐狸般冷笑，根本不理我。

現場有好幾位記者，大家似乎在看熱鬧，會有什麼發展？我將不顧一切衝上前痛毆麻臉嗎？說真的，幾百年不曾打架了，一時之間竟不知要如何發洩憤怒？

怒火攻心下，我又立即從某記者手中搶來打火機，就在麻臉面前燒他的一本雜誌，火苗點燃起來，但只燒焦刊物一角，沒什麼震撼效果。他老神在在，毫不在乎，在看下齣戲怎麼演？

我氣急敗壞地走出記者室，深呼吸幾次，幾十秒後，整個人突然冷靜了下來。「啊！我怎麼對這卑微老芋仔如此殘忍呢？憐憫他吧！」再深呼吸幾次，兩分鐘後，我又走進記者室，對剛才燒雜誌舉動表示歉意。他驚訝地看著我，我笑一笑，然後心平氣和離去。

這起衝突引起新聞圈議論紛紛，多位朋友為我抱不平。過了幾天，我和麻臉在縣府走廊擦身而過，但不再對他禮貌點頭了，我雖同情孤家寡人的老芋仔，但已看透其邪惡。

在縣府任職的阿源說：「這幾位老芋仔平時就靠辦雜誌賣廣告，但地方上哪有什麼廣告預算？只能跟縣府和稅捐處要錢，或者向政治人物敲竹槓。」

或許麻臉想跟林庚申要點錢，踢到鐵板後，以新聞報導要脅。或許我說將寫「假博士」新聞，結果卻未登出，他一定以為是我拿了好處所致，這也是他的經驗法則。縱使沒有任何證據，他就是敢指名道姓攻擊，並硬掰出受賄時間和地點。

過了不久，我改調省政新聞路線，再沒機會碰見麻臉。縱使跳槽《中國時報》後，又回到台中縣跑新聞，也沒看見過他。彷彿受了什麼影響，麻臉在這世界消失了。

08 小報記者老楊的晚景

六十歲以上的外省老芋仔記者們，常稱讚我敬老尊賢，和我互動最多的則是《民眾日報》老楊。雖然彼此報社在高雄敵對，我們並不在意，加上他年齡已大，每天固定到縣府和議會走走，抄抄新聞稿或寫寫小火警，難有競爭力。

我開始有好新聞見報後，一大早到了縣府，老楊常是第一位對我誇獎者，顯然他每天都很注意我的報導。偶而跟他一起晚餐，他喜歡喝兩杯，也常提當年勇，以前是如何用心跑新聞，和老縣長林鶴年交情又如何。聽來不勝唏噓，因為都是過往雲煙，現實並非如此。

我頗能體會其心情，形單影隻，所謂跑新聞也只是抄別人稿。《民眾》在台中縣報份不多，他到縣府或議會時，部分職員表面對他很客氣，背後卻沒人理會。老楊薪水很低，搞不好連度日都有困難，到底靠什麼維生？我沒詳細過問，只覺得他日子有點悽涼。

一九八六年底選舉期間，他報導候選人A的新聞刊出，A在縣府碰到他，當場掏出一千元，要他去買更多《民眾》送人看。老楊收下來後，讓一旁的我很憤怒，認為這污辱了他。年輕氣盛的我，無法體會為五斗米折腰的悲哀。

某晚參加應酬後，我跟著他回北屯路住處聊天，家裡空蕩蕩。他提到有個孩子，不過長大成人在外了，很少聯繫。他沒說老婆的事，我也不便問。

又過一年，老楊身體不適，《民眾》派一位年輕記者取代。他離職不久重病去世，身後蕭條。國民黨台中縣新聞黨部請縣長、議長和議員們掛名治喪委員，加上一些奠儀，才勉強辦完喪事。

看了老楊悽慘晚景，我曾發誓絕不要和他一樣，如果老記者最後下場如此悲哀，要儘早逃離新聞界，沒想到自己竟待了十五年。

除了老楊之外，在縣府經常出沒的老芋仔記者，有兩三位看起來很邪惡，辦著低劣雜誌到處跟機關要錢。他們離鄉背井來台灣，從軍中退伍後自謀生活，沒有靠山，硬起心腸做文化流氓。

有的老芋仔記者惡名昭彰，真撈了一些錢，日子過得安逸。有的則像老楊一樣，個性憨厚，能搖一點筆桿，不敢為非作歹，最後貧困落寞而死。

09 熱情的祁股長

祁股長在台中縣政府人事室任職，三十五歲左右，是一位古道熱腸的眷村子弟。他沒有心機，意外讓我挖了幾則獨家新聞，讓縣長跳腳不已。

我每天固定到縣府主要科室轉轉，和人事室王主任也很熟，他是老一輩外省人，彼此有很多話題聊。職員們把我當成主任的朋友，若主任和祁股長不在辦公室，我偶而翻閱桌上公文，他們也不便阻止。

後來我被縣長列為黑名單，祁股長雖把敏感公文藏在抽屜內，和我的交情依舊。下班後有兩三次找我小酌，也認識了他老婆和孩子。

當年是還有「人二」的時代，實質是「安全室」卻以人事室（二）對外宣稱，隱藏在縣府的情治單位位於四樓，辦公室陰森森，多數公務員都避而遠之。

有一天，陰陰的人二室主任得罪了某議員，記者們也對他很反感，議員在議會質詢，記者在報紙砲轟，雙管齊下逼得他走路，換一位比較有笑臉的人接任。

對於我處理此新聞的角度，祁股長認為是大快人心！也強調人事室和人二室迥然不同，他們是單純處理人事業務，包括人事行政、獎懲、福利等，請外界千萬不要混淆。

那一年外埔鄉發生工廠意外爆炸案，死傷慘重，新聞沸沸揚揚，縣長發起全縣募款救濟，公教人員也捐一日所得。經過一個月募款，縣府並公布全部金額。

事後我隨意問承辦的祁股長：「縣長捐多少錢呢？」他回說：「沒有！」「什麼？縣長沒有捐？哇！這可是大新聞呢！」縣長慷慨激昂呼籲縣民捐款，公教人員也半強迫捐出所得，自己竟暗槓連一毛錢都沒出？

我當下追問更詳細，祁股長也坦白說：「因人事室處理縣長薪水扣款作業疏失，導致縣長沒有捐出，募款活動結束後，也沒有補繳。」他一再拜託我不要寫新聞，怕消息傳出去對縣長不好，但我文稿已寫好在腦海了。

新聞見報後，聽說縣長臉色鐵青，把人事室相關主管痛罵一頓，祁股長應該也挨了刮，讓我很不好意思。

縣長卸任後，高升行政院人事行政局局長，祁股長也隨行當核心幕僚，從小小縣府二級主管翻身，職等升了好幾級。

他家住后里，遠到台北認真工作為老闆賣命，每週兩地奔波，但甘之如飴。我在豐原巧遇一次，他還是那麼健談，兩人也相互加油打氣。

後來縣長改當國民黨中央考紀會主委，我曾掛念祁股長的出路。二〇〇五年某日到台中火車站買票，適逢建站百週年慶系列活動，意外看到他以長官身分上台致詞，職稱是鐵路局人事室主任。

10

縣長室師爺

外省老芋仔「幹老」本名幹國，個子不高，曾任職國民黨縣黨部多年，退休後在縣長室當秘書，恪遵職守，淡泊名利。

初識的朋友一聽姓幹，若再用台語唸出他全名兩字，私下都竊笑不已。但幹老不以為意，幹原本就是他的姓，才不管他人怎麼想。

近七十歲的幹老由於文采好，毛筆字寫的不錯，每天負責幫縣長處理官場往來信件及紅白帖。縣府員工都稱呼「幹秘書」，但他有自知之明，自己僅是臨時雇員，也是卑微的老師爺，要避免涉入地方政治及論人是非。

縣長室秘書有的會邀功或爭風吃醋，許多鄉鎮長和議員也常來巴結縣長，部分政客或者爭論之後就地分贓，坐在角落的幹老都看在眼裡。

由於與記者們天天照面，幹老和大家都熟，卻守口如瓶。他當過黨工數十年，什麼政客嘴臉沒看過？他很不屑那群人，但謹守本分，不對外透露任何秘聞。

我和幹老有了交情，中午一起到縣府員工宿舍餐廳搭伙，是一位歐巴桑煮的家常菜，每人份三十元，兩人邊用餐邊話家常。得知幹老五十歲時仍單身，經朋友們一再鼓吹，才娶了一位小他年齡一半的台灣小姐，並生兩個兒子。

某假日，幹老邀請幾位記者到家吃飯，他住在一處普通民宅，生活樸實，老婆是縣政府臨時工友，活蹦亂跳的兒子都還唸國中。

幹老麻將打得不錯，菸癮也重，偶而三缺一時，會陪記者消遣一下。他不扣牌，不論輸贏都心平氣和，但也不能陪太久，因為還得進辦公室上班。另外，就是他私房錢不多，薪水都交給老婆了。

有一回打麻將聊天時，談到熱門新聞話題「玻璃圈」，幹老一直百思不解，納悶說：「我每天疲於奔命，家裡的水田都應付不了了，怎麼還有人想去耕旱田？」引起哄堂大笑。

一九八九年底新科縣長出爐，幹老也真正退休了，很少有機會再與他碰面。又過幾年，聽說他去世，幾位記者協助他老婆升任正式工友，有微薄薪水勉強養家。

此刻想起幹老，仍記得他穩重個性，做事慢條斯理，待人溫和有禮，走路都挺直腰桿。他不會講台語，不像一個會甜言蜜語的丈夫，早年應該是和年輕妻子比手畫腳，培養感情起來的。雖然只是小人物，朋友們都敬重也懷念他。

幹老每天上班都西裝筆挺（曾明財/照片提供）

11 圍剿朱高正的幕後

台灣還沒有室內菸禁的時代，「拒抽二手菸」是一句很受歡迎的口號。

一九八六年立委、國代選戰開打前，國民黨台中縣黨部在黨部禮堂召開記者會，並於餐敘時，公布最新推出的「拒抽政治二手菸」海報。

當年九月底，黨外選舉後援會在台北宣布成立民主進步黨，朝野關係緊張，國民黨選戰文宣也定調抨擊為「政治二手菸」。包括縣長陳庚金、議長黃正義、縣黨部主委林平原都同桌，聊天之際，好幾位老菸槍也紛紛點起火來，同時讚賞海報有創意。

《台灣時報》記者阿財突然冒出一句：「那政治一手菸又是誰？」讓三巨頭尷尬不已，不知如何回應？結果，國民黨省黨部下午接獲上述訊息，立即開會討論，決定緊急通告各縣市黨部回收全部海報。

事隔一年多，有「台灣第一民主戰艦」之稱的民進黨立委朱高正，跳上立法院主席台揮拳杯葛總預算案事件，國民黨隨即發動組織與媒體圍剿，並規劃各縣市舉辦群眾大會譴責暴力。

國民黨首站選在台中縣豐原，主要是陳縣長「忠黨愛國」第一，加上議會、農會與黨部配合良好，動員力強，因此短短一兩天即率先敲定集會時間、地點與人數，將於瑞穗國小操場舉辦。

《動員戡亂時期集會遊行法》在一九八八年元月公布實施，朝野與警方都還在摸索適應。我傍晚得知聲討大會訊息，就抱著看好戲的態度觀察，心血來潮打電話到縣警局，詢問活動有沒有申請？竟意外跑出好新聞。

承辦警官尷尬指出，該活動沒有申請，《集會遊行法》規定戶外活動須於七天前申請，否則即屬違法。隔天這則新聞在《台灣時報》獨家刊出，揭露國民黨知法犯法，黨政系統立即人仰馬翻，差一點緊急叫停。

雖然「黨政軍警特」都是一家，彼此配合密切，但縣警局警官一言既出，駟馬難追，縣黨部只好趕緊想辦法補救。

週日上午春暖花開，瑞穗國小的大門前人潮洶湧，結果現場臨時宣布，集會改在學校旁的縣立體育館舉行，室內活動即不受《集會遊行法》所限。

全縣共動員近萬人準備入場，體育館卻只能容納三千人，因擁擠不堪，其他鄉鎮後續組隊來者紛紛離去，也有很多人在外徘徊。部分黨工拿著長長的譴責布條準備伸展，在館內也英雄無用武之地。

大會由議長黃正義主持，照本宣科開場後，各級民意代表包括立委洪昭男、國代林欽濃陸續上台發言。館內沒有空調又悶又熱，坐在四周的群眾鬧轟轟，約四十分鐘後草草落幕。

民進黨台中縣黨部人員則趁機前來宣傳，肯定朱高正跳桌抗爭意義，執行長羅隆錚和黨員蔡百修、黃義隆在場外散發傳單，不少民眾也舉起大拇指叫好。

雖然國民黨強烈譴責朱高正跳桌揮拳是「暴力」，過了幾天卻發現，因對「萬年國會」老賊反感，竟有更多民意支持他，原定陸續安排其他縣市的聲討大會，也因此悄悄收兵，不了了之。

議長黄正義主持聲討朱高正大會（曾明財/攝影）

12 好色的總編輯

剛進新聞界不久，報社總編輯X某日來台中視察，同事紛紛熱情接待，最後還有人安排女郎陪宿，這是我首度看到他好色的一面。

X是大學新聞系畢業，在各媒體有許多高階主管的同學，本身也有才華，願屈身南部媒體工作，為民主及理想奮鬥，令我敬佩。

但X來到台中視察，卻讓我開了眼界。經過很多年，又看已婚的他與報社女主管有一腿，還傳出性騷擾其他女同事。

一九八六年那一晚，台中記者都提早截稿，準備與總編輯餐敘。其實台中主管薪水不高，也沒什麼辦公室公積金，在餐廳吃飯喝酒費用，還得靠稍有油水的警政記者協助。

吃完第一攤，也聽了總編輯對大家鼓勵後，女記者先回家，其他人又轉往第二攤。X心情非常好，也喝很多酒，似乎有點醉，跑警政的C和K繼續敬酒，他一樣豪爽乾杯。

第二攤尾聲已近午夜十二點，明天還要開會及上班，大家認為該送總編輯回飯店休息了。但X似乎還不想走，經C向前私下交頭接耳結果，原來X喜歡某坐檯小姐，要她一起回飯店。

C找小姐到一旁角落溝通，強調付多少錢都可以！但小姐堅持只坐檯陪酒，不願陪宿。C任務受挫讓X很不高興，臉色難看的一起離席。

勉強將X送進飯店房間後，C為了讓總編輯滿意，很有經驗的說：「我來處理！」立即找來飯店女中聯繫。在場幾位同事看C已安排妥當，乃各自離去。

第二天上午在辦公室開會，X親自主持，看他精神很好，外表道貌岸然，真無法想像昨晚色瞇瞇樣子。或許男人酒喝多了，色欲薰心都會變得像魔鬼，位高權重的總編輯也一樣。我能體會某些男人酒醉買春，但總編輯巡迴各縣市視察，竟要部屬安排情色，就讓年輕的我很難接受。

隔一年，已婚的副總編輯W來台中，報社編輯A宛如情婦陪同，眾人心照不宣，在聚餐場合盡興暢飲。過了幾年，高雄傳來消息指出，A和W早已分手，新歡是更上級的總編輯，聽得我目瞪口呆。

同事轉述說，兒女都成年的X，常在辦公室性騷擾女編輯，大家敢怒不敢言。他與A之間戀情，還以為神不知鬼不覺，其實人盡皆知，大家早等著看笑話。此時的我，則早已不尊重其總編輯的身分了。

13 海派酒店稅務員

數十年來，台中市各式高級酒店林立，最貴、最著名的「金錢豹」、「假日」和「海派」連鎖店，每家都金碧輝煌，美女如雲，更是一般人消費不起的銷金窟。

我第一次到海派，還是一家不起眼的小飯店，位於大馬路旁，地下室經營酒廊，並無小姐坐檯，老闆則是一位縣議員。後來這酒廊越來越出名，更發展出一店、二店、三店。

我因寫了興農高爾夫球場帳單新聞，讓縣長跳腳不已，誤認是三十多歲的計畫室主任N得罪我所致，要求多和我聯繫感情。N乃透過報社主管，邀約一起到海派聚聚。

海派酒廊音樂柔和，燈光氣氛不錯，三個人就是喝喝酒，閒話家常，老闆也過來招呼了一下。我則發現鄰座那桌僅一個人，大落落的半臥在沙發上，有點酒意了，講話很大聲。

這男子約四十歲，頭髮蓬鬆，流裡流氣，似乎對週遭視若無睹。看他好像和酒廊經理很熟，別桌客人也認識他，都對他很客氣。我輕聲問：「那個人是誰？好像很囂張！」有人回說：「是稅捐處稅務員。」我稍懂了。

過了一些日子，第二次受邀到海派，又發現稅務員一個人坐在店裡，面紅耳赤，講話一樣大聲。顯然他是海派常客，可能不用付費的吧？或有人會幫他買單？

隔兩三年，廣三建設公司某份建照被疑有弊，該公司請資深記者G出面，邀約幾位記者晚上到海派。我好久沒來，覺得氣氛仍不錯，倒是那晚沒看到稅務員了。

後來幾個同夥陸續在桌面消失，只剩我和G繼續喝酒。數十分鐘後，先回座的H很滿意說：「新來的韓國妞不錯！」原來樓上還有另一處精采的，來海派喝酒，醉翁之意不在酒。

G是老鳥了，婉轉問：「要不要上樓？」我客氣的搖搖頭，心理還沒完全準備好吧！大口的向G敬一杯，他也回敬了我。

14

調查局阿丁與四爺們

由於從事新聞工作關係，有機會與調查站人員略有互動，其中一兩位有私交，當然他們也想套我消息，互取所需。

民進黨成立後，各縣市調查站負有監視責任。台中縣黨部有三位靈魂人物，包括羅隆錚、阿喜和阿煌，以羅為首，但阿喜比較活躍。因調查員常去阿煌家泡茶探聽消息，阿煌飽受其他黨員誤解，不久即不再參與黨內事務。

阿丁是我最熟的調查員，年長我四歲，長得高大斯文，負責豐原轄區。他常到黨部聊天，套套交情，漸漸地和大家也熟了。

我在《台灣時報》任職期間，因常有民進黨內幕新聞，且具一些人脈，阿丁會跟我討論黨內派系或選舉問題。我認為可以交換意見的，也毫不保留分析給他聽，相對有關調查站偵辦的案情，他也會提供消息。
由於常碰面，偶有機會一起吃飯，甚至調查站還組籃球隊，與國民黨縣黨部、警察局和記者舉辦聯誼賽，不打不相識，也多認識了一些調查員。
「小黑」年齡跟阿丁相近，因個子小，長得又黑，而有此綽號。他原本負責神岡鄉，後來調豐原，又改調縣府和議會路線，工作型態和記者頗像，每天傍晚也是要寫當天報告。
對小黑印象比較深的是喝酒態勢，調查員天不怕地不怕，縣府官員、工程包商、民意代表都敬畏他三分。他頗有眷村子弟味道，喝起酒來氣焰很盛。雖和他吃過多次飯，有些話仍不便跟他聊。感覺阿丁比較誠懇實在，小黑就很江湖氣，比較「鬼」，我不喜歡。
我最早在縣府認識的是「四爺」，也是外省人，年齡比阿丁稍大。由於和蔣介石、蔣經國總統一樣姓蔣，小蔣有三個兒子，老記者戲稱他是老四，綽號因此被叫定。
四爺講話有點口吃，但反應靈敏，話也會損人。幾個老記者喜歡和他鬥嘴，爭鋒相對鬥來鬥去，大家在旁邊聽得開心不已。

我曾消遣他每天好像很認真，國民黨那麼腐敗，縣府重大工程招標時都黑影幢幢，但一年半載過去，看不到他辦什麼大案？他則很慎重跟我解說，調查站負責的是蒐集資料，提供上級參酌，若涉及違法再進一步偵辦。

四爺性情不錯，有時候鬥嘴時，被修理的體無完膚，也不會惱羞成怒。他和每個人碰面，也都客客氣氣，很少刻意害人。不過後來他和調查站主任不合，被遠調台東。經再三奔走，終於換得離開局內，回台中一所偏僻鄉間學校任職。

小黑接四爺業務不久後，又換來一位剛出道者P，血氣方剛，眼睛長在頭上，人緣不若前兩任。由於自稱大學歷史系畢業，頭腦應該不錯，我偶而跟他聊聊，他也努力跟記者們攀交情。

名列黑名單的「台獨聯盟」美國本部副主席李應元，一九九〇年偷渡回台灣，被通緝近一年，仍然活動自如，神龍不見尾。我在《首都早報》任職，與民進黨台中幹部有交情，P竟打我主意。

某天下午他在縣府遇到我，約到外面談，說有一個「你發財、我升官」機會。

他表示：「目前全台灣情治單位都在抓李應元，苦無線索，你與民進黨有交情，若能協助逮到李應元，將是大功一件，你可獲高額獎金，我則可升官。」

聽完他建議，我想：「你腦袋是不是壞了，要我做線民？」但又看他一臉正經，不像在開玩笑。原本尊重他是歷史系畢業，應該有格，沒想到他很認真，越說越離譜，讓我當場火大起來。

回到縣府記者室，我把剛才過程當成笑話一樁，轉述給幾個人聽。後來越想越火，必須給他教訓，乾脆寫成新聞發出去。第二天見報後，不知他感覺如何？可能咬牙切齒吧！

小黑、阿丁則透露，調查站同事們看到報導後，在辦公室傳閱，有的幸災樂禍，有的哄堂大笑，可見他在站內人緣也不好。

15——國民黨小黨棍

《中華日報》記者徐仔是我的好友，綽號「小黨棍」。除了他之外，我倒是認識好幾個真正小黨棍，當年確實為黨賣命得很，國民黨簡直就是他們的命根子。

徐仔是客家人，與我同齡，曾在「中國青年反共救國團」任職，記者們都叫他「小黨棍」。為什麼有此綽號？我也不好意思問，因為不是很好聽。但看他頗自在，加上在黨報服務，也算黨棍之一吧！

《新聞報》記者阿芬小我兩歲，忠黨愛國，偶而會和我辯論。我曾私下向《新生報》記者阿霞說：「她腦袋裝水泥！」阿芬仍不服輸，直到跳槽《自由時報》並到台北歷練後，政治理念才有所改變。

當年國民黨響起「吹台青」口號，主委是台灣人，書記仍是外省老黨工。多數幹事及鄉鎮民眾服務站主任都是台灣人，平均年齡三十幾歲。

縣黨部第三組負責新聞聯繫的樓元曙，姓氏很特別，是少數的外省子弟，熱情有幹勁，和記者們相處愉快，我很快的和他有了交情。他沒有一般老黨工嘴臉，對國民黨未來抱著相當期待。

雖然國民黨中央經常飽受在野人士抨擊，我也偶而在報紙修理縣黨部，其他黨工避我唯恐不及，小樓則保持平常心，樂意和我互動。

另一位外省人小黨棍江仔非常滑頭，有一天，黨部和警察局、調查站、記者各組籃球隊較勁，江仔是控球後衛角色，自己頻頻愛秀單打，看隊友不小心漏球，立即破口大罵。我在一旁看球賽，對他印象很不好。

曾與其他黨工聊到江仔，知道他在黨部也是這副德行，與同事相處不佳。他嘴巴甜，擔任府會聯絡人，常陪議員打麻將，後來輔選新科立委徐中雄有功，就升官外放當主任了。

擔任后里鄉主任的K，政大政治系畢業，是苦幹實幹型。曾任主委機要秘書的林仔，後來調太平鄉主任，和K一樣都充滿理想。

我和林仔有點交情，有一回到他辦公室聊天，提及國民黨政府貪污腐敗，他竟惱羞成怒，激動說：「你可以侮辱我，但不能侮辱我的黨！」讓我大吃一驚，覺得不可理喻，不再找他了。

幾年後我調彰化縣，看到各鄉鎮主任及幹事都是台灣年輕子弟，顯然國民黨力求振作，大幅改革中。這些黨工更深入基層，為民服務做的有聲有色。無奈國民黨作惡多端，沉疴已深，難以挽回大勢。

彰化縣黨部第三組組長R是輔選大將，五十多歲，也是政大畢業。我初次到縣黨部拜訪，他醉醺醺剛回辦公室，立即強邀我到郊區酒家。他電話聯繫的彰化市民代表會黨團書記，不久也趕來，一看就是黑道大哥。

那次初見面喝酒倒是攀了交情，一年後R高升台東縣黨部執行長，幾個月後卻又下台，調回省黨部冰凍，或許是喝酒惹的禍。R是很聰明的人，私下聊天時，似乎把國民黨看透了，因此跟著爛到底。

一九九七年縣長選舉期間，因《台灣時報》偶而出現不利國民黨候選人新聞，部分黨工很不滿。某天傍晚，我到縣黨部執行長辦公室採訪，竟遭一個小黨棍B挑釁，手握拳頭在我眼鼻前晃動，表示黨部人多勢眾，料我不敢對他怎麼樣？

突然想起國中二年級時，一個夏姓同學欺負其他弱小之後，也是如此在我面前挑釁，我狠狠地給一個直拳，打得他流鼻血唉唉叫。經過數十年歷練的我，已成熟許多，僅當場用手中的杯水潑B臉，在場其他黨工見狀趕忙勸架。這個執行長平時即軟趴趴，看他下屬和我對衝，並未斥責。

二〇〇〇年台灣首度政黨輪替，我離開新聞界後，國民黨也江河日下，許多黨棍紛紛選擇優退。小樓是文史工作者兼導遊，江仔是某立委服務處紅人，K不知下落，林仔病逝，R可能也上天堂了。軟趴趴的執行長，後來調升雲林縣黨部主委。

記者和國民黨黨工籃球友誼賽（曾明財/照片提供）

16

台中情色界秘密

一九八〇年代中期，黨外人士和國民黨衝突愈來愈激烈，雙方理性派均力求克制，不希望再有另一個美麗島事件發生。雖然我的新聞轄區是台中縣，但晚間在台中市有重大活動，偶而前往支援採訪，或者就把自己當成政治觀察員。

黨外人士隨後突破黨禁，民進黨成立了，大部分報紙還是以「X進黨」或「民X黨」稱之，《中時》和《聯合》地方版也噤若寒蟬，很少報導。《台灣時報》則一枝獨秀，大篇幅報導民進黨活動，許多地方記者都紅得發紫。

某晚活動在台中公園大廣場，現場人山人海，記者還沒使用V8錄影，只能用文字敘述或拍照，而且不能隨便攝影，一不小心會被群眾當成「抓耙仔」。

《中時》和《聯合》被認為是國民黨報紙，記者僅到場聽講觀察，不敢公開拍照。只有《台時》記者最風光，到處都被稱讚說真勇敢、有正義感。演講舞台上，也只有《台時》攝影記者K能自由穿梭，拍台上台下，拍任何角度、人物都沒有限制。

當我四處遊走觀察時，突然間發現遠遠一個黑暗角落，冷冷地站著一個人，一看就知是外省中年人，頭髮剪的是情治人員頭，穿著中山裝，嘴臉又跟小說寫的一模一樣。哇！BINGO！竟是當年警總「帶頭的」。

大學時代曾有三個警總人員到眷村家「關心」我，短短五年不見，「帶頭的」比以前發福了，但嘴臉不變，一輩子都會記得。我在他眼前來回晃了幾下，顯然他已不認得。我這個小蝦米，他當然不認得，甚至我的小案早被丟到垃圾堆了，但我仍很認真的看著他、觀察他。

過了幾天某傍晚，回到位於市區中華路的辦公室，進入報社之前，看到攝影記者K竟和「帶頭的」在一旁談話，我閃躲了一下。他過了十幾分鐘上樓來，我輕鬆問：「剛才在樓下，和你聊天的那位是什麼人啊？」他回答：「我不認識。」他媽的！這個秘密終於被證實了。

我國中同學阿吉的外甥，在一家黑白道通吃的大飯店當經理，某日我去找他聊天，他問我和K熟不熟？此刻剛好也在店內樓上。我說：「當然熟啊！我們是共同支持民主運動的戰友呢！」阿吉的外甥和我有多年交情，在K與我們哈啦一下離去後，他透露情色界的圈內秘密。

台中市飯店色情行業規費與逢年過節紅包，每個月要給警總、警察局等單位，全部都交給K統籌。這筆龐大費用有多少？分給哪些高官？記者又抽多少油水？他沒有說得更詳細。

任何一家繳規費的飯店，如果被警方查獲色情交易，只要求統籌者要立即到場處理，例如關說或送紅包化解。若員警不買帳，再找更高層警官，再不成，上面還有警總老大哥。K不管白天深夜，二十四小時待命，一直無往不利。

因為先前得知這秘密，所以看到K和警總傢伙鬼鬼祟祟那一幕，立即一目瞭然。他憑什麼可以當統籌？憑的是《台時》金字招牌，憑的是出賣良心，出賣信任他的人。

K把民進黨每次活動照片，全部加洗一套交給警總，換得統籌身分及油水。他到底分到多少？油水喝多了，累積在體內，血液跟著越油越濁。沒兩三年就肝硬化，可能經常通宵熬夜抽煙喝酒，還得幫情色界排解萬難，積勞成疾所致。

第二章

01 省議會的憲調抓耙仔

黨外運動時期，在群眾集會場所常見情治人員混入其中，或者鬼鬼祟祟躲在角落，甚至有冒充暴民刻意製造衝突。從美麗島事件到民進黨成立前後的群眾運動，都看得到類似情景。

一九八七年台灣省議會辦理選舉增額監察委員，由於先前傳出賄選橫行，國民黨也將封殺唯一的黨外監委尤清連任，民進黨要求黨籍議員罷選抵制，王兆釧、黃玉嬌等人則堅持將投票。元月十日當天，數百名民眾前往省議會抗議，強烈抨擊「豬仔議員」。

我奉派前往支援採訪，省議會廣場人聲鼎沸，有人更製作許多寫著「豬」的小海報，置於地上讓群眾踐踏。議事廳前面抗議氣氛熱烈，我則抱著看熱鬧心情四處看。

在議事廳外面下了階梯，已有二十名警察維持秩序，手持警棍排成兩排，並禁止群眾入內。民進黨方面也很克制，除了輪流演講、高喊口號抗議，也安撫群眾情緒。

未料，雙方一片和諧聲中，突有六人闖入警察封鎖線內，作勢要衝進議事廳抗議，並和員警相互推擠，其中兩人更大聲鼓動衝撞玻璃門，用台語高喊「衝啊！衝啊！」

我伸頭一看，帶頭衝撞者不就是我認識的B嗎？B是台中縣憲兵隊調查組軍官，我大喊：「喂！你怎麼這樣？」他回頭突然看到我，嚇了一跳，趕緊叫另一名喊「衝」的中年男子一起撤離。

我先前在豐原跑新聞，經《中華日報》記者徐仔介紹，和B見過幾次，一起吃過飯。B和那男子一跑開，我則緊追在後，兩人逃到一百公尺外，才停下來喘氣。我追上後很生氣說：「他媽的！你們在搞什麼？」

B跟我攀交情，一再拜託「不可說！不可說！」他真沒想到我會在省議會出現，原以為神不知鬼不覺，沒人認識他，可假冒民進黨支持者刻意製造衝突。他媽的！我怎可能接受？

回到議事廳前，剛才的衝撞事件早已平息，我將上述發現告訴任職民進黨的陳清泉，他立即轉告活動總指揮游錫堃。游馬上登上宣傳車以麥克風呼籲群眾冷靜，表示有抓耙仔企圖製造事端，請大家不要被利用。

稍後我將此事告知聚在一起的其他報社記者，大家都說「不可能！」明明就是憲調組B刻意製造衝突，竟然沒有人相信。或許這些駐省議會記者和我不熟，不敢隨便相信，也可能就一個「笨」字可以形容。

傍晚回到報社寫稿，陳清泉幫忙寫議事廳內選舉監委新聞，我則處理場外抗議現場，也敘述抓耙仔製造事端，第二天獨家見報。那年我剛開始幫黨外雜誌寫稿，這段惡劣事跡當然同步在雜誌揭發。

現在回想起來，我實在很笨，編輯部主管也不夠大膽。新聞如果下標題「省議會選舉監委，情治人員冒充暴民，衝撞議事廳大門」，再擴大從各角度切入，兩個版面都寫不完，一票情治主管搞不好都要下台謝罪。

獨家新聞見報後，好像也沒什麼反應。甫成立的民進黨或許對這種事看多了，沒什麼好大驚小怪，一般社會面也覺得司空見慣，只有我氣呼呼，覺得不可思議。

事後過很久，才聽陳清泉說：「高育仁議長對此事很生氣，要求情治單位有所交代。」到底最後怎麼交代？B和他的主管是否被處分或嘉獎？我也不知了。

一九七九年美麗島事件、一九八六年桃園機場事件、一九八八年五二〇農民運動事件，都可或多或少看到抓耙仔陰影，例如製造流血衝突、刻意翻車、亂丟石頭。我寫下這段紀錄，也只是為歷史做一個小小見證。

省議會廣場群眾抗議豬仔議員（邱萬興/攝影）

02 中國時報小記者

報禁開放前，一九八七年我被挖角到《中國時報》，原本在外一條龍，和其他大報記者一樣，在內都變成一條蟲。最後，還是決定回歸自己，隔年農曆春節後，又回《台灣時報》任職。

因在台中縣表現不錯，《台時》調我回省政組，但跑了幾個月仍跑不出所以然，每天帶著金庸小說出門解悶，已陸續看完《射鵰英雄傳》、《神鵰俠侶》、《倚天屠龍記》。有意辭職之際，正好《中時》中部特派員吳清和主動推薦，編輯部地方組程翔雲主任面談後，決定派我到新竹縣，我也做好心理準備，人事令發布竟是台中縣。

進台中縣採訪辦事處報到，有點忐忑不安，與特派員R原本認識，久聞其風評。不久，適逢報社數十年來首度舉辦在職進修，分梯次到台北「國際青年活動中心」受訓，講師都是法政及新聞界一時之選。

從小報來到大報，想看看真正大報記者又是如何？與各縣市同仁相處幾天，發現人才濟濟，有些真是優秀，採訪經驗豐富；有的氣質低劣，水準不甚了了，我才稍解怯場心情。

進修期間，民進黨發起遊行要求「無條件解除戒嚴」，反對制定《國安法》，近萬人在中山堂廣場集結。同仁們趁中午休息時間，都趕往現場看熱鬧，我入境隨俗，額頭綁抗議布條遊走四處。部分同仁抱以異樣眼光，我覺得沒什麼，本來觀察就是要融入現場。

下午只有我一人沒趕回活動中心上課，傍晚五點回來竟被議論，要我上台報告活動詳情。有幾位南部同仁提到民進黨就咬牙切齒，批評該黨都是穿拖鞋、吃檳榔。我發現這些在地方號稱「大報記者」都沒見過世面，真的沒知識、沒水準。

進入《中時》成了R的屬下，我和其他同仁一樣在辦公室都乖乖的。R年約四十，平常就高高在上，常說他老哥是少將。由於我被認為有黨外色彩，改跑文教、環保、醫藥衛生新聞，興致缺缺。

R有一天私下透露，調查局出身的縣府計畫室主任N，曾建議警察局長馬鑫昌將我提報流氓移送，但馬局長認為不妥。R是刻意中傷他的好友，向我示好嗎？我有點苦笑，很難相信。

在《台時》月薪約兩萬元，如今領三萬二千元，還有稿費及不定期獎金，比年資十五年的公務員或老師領得多。但自己進新聞界初衷，是為了政治改革理想，希望為民主運動付出一點點心力。如今坐領高薪反而失去意義，很不快樂。

國民黨政府宣布解除戒嚴，幾個月後，民進黨發起「廢除萬年國會」，巡迴各縣市舉辦大型集會。這是我最關心的議題，但《中時》一直冷處理，地方記者也沒人敢碰。

雖然我不跑政治路線，還是忍不住試發兩次在台中縣活動消息，R睜一隻眼、閉一隻眼沒意見。稿子傳真台北編輯部後，卻兩度都被地方組副主任退回，並打一頓官腔。

外省籍的副主任在電話中嚴厲強調，反對民進黨「廢除萬年國會」，報社政策是「逐步充實國會」，也就是等老委員死光光為止再說。

《中時》台中縣記者個個才華橫溢，在各鄉鎮都是一方之霸，對我照顧有加。跑府會路線的阿青，則對我稍有敵意，因R和他不合，有意無意暗示說我將取代，我竟成了R對付阿青的棋子。

某日，R派我去處理外埔鄉某工廠污染水源新聞，在地方版登很大篇，還準備有後續報導。工廠老闆是縣議員，也是R的朋友，傍晚到辦公室拜訪，兩人進入後面房間密談。到底怎麼談？沒人知道。不知兩人交情的我，後續新聞也沒了。

有同仁私下告訴我，R常搞這種事，刻意叫記者去修理他的朋友，等對方前來求饒，才裝成不知情而擺平。另一位同仁則透露，R的名片就像「斯斯」有兩種，一種僅報社頭銜及地址電話，另一種則背面加了好幾家公司名稱和頭銜，他以特派員身分也忙著做生意。

某晚截稿下班後，R要我陪他到酒家應酬，筵席結束，他似乎喝多了，仍堅持要開車送我回辦公室騎機車。他要我今後好好跟他，不會讓我吃虧，還說：「我每年從縣府拿的工程款有一百萬，但不會獨吞，會讓你分享。」他真的醉了？可能是說醉話，我在車上連連回答：「是！是！」

與過去在《台時》比較，近七個月來在《中時》表現乏善可陳。《自立晚報》記者何坤森一逮到機會，就消遣我：「雖賺得高薪，卻失去意義」，直講到我心虛，確實也如此。

一九八八年初，決定離開《中時》，準備遞出辭呈。過去一年《台時》台中縣編制缺額，一直沒有補實，我剛好可以重返戰場。徵詢台中市特派員王錚意見，他也很鼓勵，認為回鍋機會頗高。

元月十三日傍晚回辦公室寫稿，R突然接獲編輯部通知：「蔣經國總統死了！」記者們要分別採訪地方具代表的人士，發表對蔣經國去世感想。

多數受訪者都表達哀痛之意，我電話採訪市議員王世勛，他確認消息是真後，開心哈哈大笑，把蔣經國罪狀數落一番。當然我不便寫他看法，也不可能登出。

蔣經國突然去世，政情會不會有巨變？掌軍權多年的郝柏村將取而代之？民進黨會不會遭軍方勢力撲滅？支持民主運動的記者是否有安危問題？

如果留在《中時》，報老闆是國民黨中常委，萬一政情動盪，軍方開始抓人，我似乎還有保護傘。如果回《台時》，報社本身就以黨外新聞起家，會不會自身難保？

胡思亂想了很多，後來一想，萬一真發生什麼事，我也只是隻小蝦米，怕什麼？真動到我的話，大不了被關起來而已，上面還有成千上萬更大尾的。

農曆過年前，正式遞出辭呈，程翔雲主任打電話到眷村家，問我辭職的真正理由？我沒說什麼，僅感謝他關心。明確表達辭意後，結束八個多月的大報之旅。

03 首都早報美好回憶

自己十五年記者生涯，如果說其中最值得回味者，應該就是在《首都早報》那段時光，也是我新聞工作最燦爛、最浪漫、最有意義的一年。

一九八八年重返《台灣時報》擔任台中縣採訪召集人，因報份大增，報社決定增加人手，多了幾位專職記者，另加四位特約記者。我還是以府會新聞為主，偶有獨家消息。

不過在地方跑熟了，也懂得開始混，常常晚睡晚起，只要在家打打電話，就有精采稿子可寫。或者中午到縣政府附近小店吃飯，再和其他同業交換新聞，當天工作即可交差。

有一陣子甚至和同業打麻將打得很凶，經常上午十點前，就到縣議會招待所集合開戰，輸贏數百元。中午吃便當，一直戰到傍晚要趕稿才匆匆收兵，隨便抄抄縣政府新聞稿。由於還幫雜誌寫稿，加起來的薪水還滿意，日子一天又混過一天。

雖然我年紀輕輕，因《台時》召集人身分也受地方首長禮遇，每次重要筵席一樣是少數被邀請的貴賓，和資深的《聯合》、《中時》、《台灣日報》特派員平起平坐。

過了一年多，民進黨立委康寧祥有意辦新報，以敢言做號召，台北採訪中心從《中時》、《聯合》、《自立晚報》挖角一流人才，陣容堅強，引起全國矚目，中部則請王世勛負責招兵買馬。

王世勛轉戰《首都》擔任台中特派員，希望在省政及中部四縣市各找一名好手，並鎖定幾位最優秀的好友。結果發出的英雄帖並不如意，兩位已跳槽《聯合》的好友表示有困難，認為新報很不樂觀，未克共襄盛舉。

那幾天已有同事傳話說王世勛有事找我，心中也早有譜，一直在思考如何拒絕，並已想好說詞。我在《台時》駕輕就熟，為什麼要單槍匹馬去前途茫茫的新報？

終於約定見面時間到了，他開門見山邀請加入《首都》，並說我是「少數年輕記者中，文筆最好、最犀利的一位。」短短沒幾秒我立即投降，興奮的忘了所有婉拒詞，只問什麼時候開始上工？

遞出辭呈後，曾任採訪主任的總經理楊昆南一再慰留，並親自來台中請我和省政記者張坤皇餐敘。他分析未來報業情勢，《台時》每日實際銷售量四十萬份，加上「大家樂」廣告賺翻了，前途大好，新報則並不樂觀。我和張意志堅定，感謝他的祝福，盡情暢飲。

《首都》一九八九年六月於台北創刊，台中採訪中心設在西區林森路。創刊前兩個月，個個磨拳擦掌，我們早已試刊多時，士氣高昂，後來又加入優秀新人劉桂蘭、張瑞昌。

報禁開放，百家爭鳴，《首都》被認為是最有代表性的新報，風格與眾不同，包括政治、環保、言論版、文化版，各有特色。我一個人跑台中縣，新聞固定在中部地方版見報，偶有獨家登在全國版，甚至是政治版頭條。

《首都》在台中縣報份從零起跳，與《台時》已有二萬份比較，有如天壤之別。但我毫不在意，擺脫過去糜爛生活，每天認真跑新聞，早出晚歸。許多朋友都說我不一樣了，我也覺得生命充滿新的意義。

雖然還是小報，而且是新報，但小報大記者，我跑出的政治新聞稿，常影印提供兩大報之外的小報採用。包括《自由》、《自立早報》、《民眾》、《台時》，還有多位報禁開放後的新進記者，都比我年輕，開始有人稱我「財哥」。

一九八九年縣長選戰，民進黨提名楊嘉猷，國民黨推出紅派廖了以。廖和現任黑派縣長陳庚金不同調，雙方有選舉恩怨，部分黑派人士暗中支持楊，選情暗潮洶湧。

《中時》、《聯合》和官報、黨報當然支持廖，選前勝選評估是八比二或七比三。楊在海外二十多年，人生地不熟，如何能贏深耕地方多年的廖？加上國民黨盤根錯節的農會、漁會、水利會、社團、政府機關系統，實力雄厚，民進黨哪有機會？

雖然如此，楊嘉猷總部文宣創意十足，包括抨擊軍警輔選、送禮佈樁、假碩士學位、候選人條件比一比、賄選等，讓國民黨方面不堪其擾。尤其《首都》經常有精采新聞，其他小報跟進都以大篇幅登在地方版，讓廖了以陣營心驚膽跳。

投票結果，楊以十萬票之差落選，雙方只差十幾個百分點，雖敗猶榮。與縣長大選同時進行的立委、省議員選舉，因民進黨相互拉抬造勢，立委候選人田再庭脫穎而出，參選省議員的廖永來則高票落選。

隔年五月李登輝總統提名郝柏村為行政院長，《首都》以斗大頭版「幹！反對軍人組閣」一名噪一時，當記者的我們與有榮焉。

然而因二億元資金快燒光，送報通路又被《中時》、《聯合》封殺，大企業也不敢刊登廣告，報社財務出現重大危機。各縣市記者接著逐漸縮編，中部地方版也裁撤，我失去了戰場，已毫無樂趣。

一位老友剛好接任《台時》地方中心主任，徵詢我是否重返陣營？我隨即向王世勛請辭，他也深知報社經營困境，諒解我的離去。一個多月後，《首都》宣布於八月二十七日起停刊。

在《首都》是我人生最美好回憶之一，也是此期間在豐原認識 Lisa，立即陷入熱戀。每當《首都》文化版或言論版有好文章，立即影印傳真到她公司，也一起分享我每天精采的新聞報導。

雖有開賓士車的年輕老闆喜歡Lisa，她還是愛上我這騎二手摩托車、充滿浪漫理想的小子，也陪我在《首都》度過最後低潮日子。重返《台時》戰場後，工作生龍活虎，戀情加溫，和Lisa決定十月訂婚。

李登輝提名郝柏村組閣引起知識界反對（邱萬興/攝影）

04

捷安治三人幫

台中自行車品牌「捷安特」一九八〇年代已打出世界知名度，在地方政壇也有一個被稱為「捷安治」集團，積極為廖了以參選百里侯鋪路，卻也激怒縣長陳庚金。

同樣都是國民黨籍，陳某為什麼和廖某水火不容？原來，陳屬地方黑派，在爭取連任提名時，遭才擔任一屆豐原市長的廖強力挑戰，廖最後雖被勸退，兩人卻也結下恩怨。

青年才俊的廖是紅派政治世家，早被看好為明日之星，陳在連任縣長後，嚥不下這口氣，經常對也連任市長的廖沒有好臉色。所謂「捷安治三人幫」，就是陳所取的負面稱呼。

「捷安治」是指團管區司令李捷光、警察局長王安邦和新任國民黨縣黨部主委方政治，三人與廖交情深厚，讓陳非常反感。

上校官階的李捷光，外省人，相貌堂堂，即將高升將軍。由於團管區與警總關係密切，我向來沒好感，獲悉李積極動員為廖輔選，立即寫新聞予以曝光，他也知名度大開。

選舉期間某深夜，軍方用卡車載阿兵哥四處為國民黨候選人張貼文宣海報，經民眾目睹告知，我在《首都早報》報導團管區介入選舉，此雖非李的部屬直接所為，卻讓他百口莫辯。

有朋友私下邀我和司令餐敘，頻頻相互敬酒乾杯，也惺惺相惜，認為對方是條漢子，但道不同不相為謀，我和他還是成不了朋友。

王安邦五十多歲，也是外省人，人很溫和，在政治運動風起雲湧之際，派來台中縣警局任職，戰戰兢兢，不敢有任何差錯。

太平鄉山區農民爭取林地放領，因多年無法獲准，乃發動車隊遊行，由太平鄉一路前來豐原，將向縣議會陳情。

縣警局不敢怠慢，數百名員警嚴陣以待，除了四周擺設拒馬，更有穿著鎮暴服裝者層層保護議會大樓，王局長則在議會設指揮中心運籌帷幄。

當天下午，我看幾位警官與豐原分局長頻頻以無線電和沿途隨行員警通話，確定陳情人數及可能發生狀況，現場頗有山雨欲來風滿樓氛圍。

結果遊行隊伍浩浩蕩蕩，拖很長很長，還未全數抵達議會，即讓我大吃一驚。前方由幾個民進黨幹部指揮，陳情農民幾乎都是老弱婦孺，一些老人駕駛鐵牛，小孩子則像來遠足般，在車上手拿抗議海報嘻笑玩耍。

不知道王局長心情如何？卻看他如臨大敵仍神經緊繃。我一旁消遣說：「報告局長！警方是否情資有誤？鎮暴部隊和危險有刺的拒馬是否要撤走？」

他則一臉正經指出：「根據情資，遊行隊伍車上有一桶蜂蜜，將刻意倒出，引來蜜蜂攻擊警察！」我差點愣住，農民怎麼可能以此方法攻擊員警？除了用「笨」字來形容他，已無藥可救。

王局長到底如何幫廖了以輔選？我並不了解。以當年警察系統運作，有如國民黨鷹犬，動作之大可以想像，也難怪陳縣長怨氣難消，把對廖的不滿發洩到王身上。

我調離台中縣之後，多年不見王，後來看報紙知道他一路高升，還當過台北縣警察局長。退休後，二〇〇〇年總統大選，成了宋楚瑜輔選大將之一。宋落敗不久，我剛好某日到台北，在一處畫廊遠遠看到王，神情落寞的樣子。我沒有向前打招呼，心想應早忘記我了。

至於「捷安治」第三人，也就是方政治，台灣人，四十多歲，文質彬彬，從中廣公司空降來當縣黨部主委。他毫無基層黨務經驗，外傳是蔣經國兒子蔣孝武人馬，原任台中台台長，與廖了以有私交。由於任務就是輔選，當然陳縣長也和他不對盤，方則低聲下氣，對人態度誠懇，毫無官僚氣息。

不管方某如何對記者示好，我對黨官就是沒好感，他上任不久，我就得到台中線索，揭露他仍佔用中廣台長宿舍，引起電台同仁非議新聞。《中華日報》記者徐仔特別安排飯局，盼我和方及廖能增進友誼，但在選戰新聞中，他們還是吃盡苦頭。

陳縣長檯面上是輔選廖的總指揮，私底下他與幕僚常對「捷安治」發出不滿批評。原本記者應從兩派鉤心鬥角、政治恩怨，挖掘不為人知的內幕，但《中時》、《聯合》是國民黨左右護法，其他小報在地方上能量有限，我也經驗不足，只會以亂槍打鳥，尚不成熟。

05 開娼館的理事長

多年前，高雄市記者公會理事長改選，雙方為爭奪寶座，竟然都動用黑道人馬，競爭慘烈，可見此丐幫之黑、利益之厚。

其實不僅高雄市如此，過去數十年戒嚴體制下的台灣，各縣市記者公會組成分子複雜，除了專職記者，各鄉鎮辦事處主任或送報生，甚至阿貓、阿狗有關係者，各方勢力都可加入為會員。

我初到豐原，為了人情世故，經幾位記者介紹也加入了公會。但沒什麼意義，僅九一記者節由縣政府作東，縣長、議長、國民黨主委來餐廳致辭，看記者們摸大小獎，大家開心而已。

台中縣記者公會理事長是一位外省老芋仔，已連任十幾年，聽說大小事由他老婆處理，外界送禮都堆在他家。我和理事長有一面之緣，但沒交情。

由於這老芋仔多年不跑新聞了，外在壓力下終於決定交棒。一九八九年改選，有五人宣布角逐龍頭寶座，其中之一是公會總幹事小楊。

小楊年長我四歲，在《新生報》服務，和一些年輕記者熟識，加上擔任總幹事多年，有意更上一層樓，並拍胸脯說出不少抱負，我們當然全力支持。

隨著選舉日接近，有兩人退出選局，其餘三位最具實力者是豐原某大哥。我問小楊是否有信心？他信誓旦旦，強調參選到底決心，並說：「那傢伙根本不是記者，而是開娼館的，怎麼可以當理事長？」我也積極幫小楊拉票。

過了幾天，我到清水鎮跑新聞，聽說海線的《民眾日報》顏某也退選，只剩小楊和某大哥，旗鼓相當，有得拚了。結果傍晚回到豐原寫稿，竟又聽說小楊也退了。

我不相信！跑到縣政府記者室找到小楊，質問他：「為什麼退？」小楊支支吾吾，只說某大哥和他理念相近，且同意讓他續任公會總幹事，因此退選禮讓。

我很生氣，覺得小楊出賣了大家，竟搞成同額競選。我當場宣布參選理事長，並將消息立即放出，也讓對手陣營緊張了起來。

軍方《台灣日報》特派員G，主動說要當我的競選總幹事。雖然《中時》特派員私下對我說：「G不是真心幫你，另有他的企圖！」但我並不在意，每一票我都爭取，加上G是老鳥了，全縣記者都熟，我需要他協助登高一呼。

距離投票日只剩幾天，我在《首都早報》任職，圈內小有名氣，《聯合》特派員表示支持，我趁著幾次到海線或大屯區跑新聞，也獲不少專職記者加油打氣。

投票當天上午，各鄉鎮會員都趕來豐原，選舉採限制連記法，亦即每人一次可圈選八名以上理事，總共選出十五位理事後，再推選理事長。

《自立早報》記者葉智中製作幾張海報為我助選，張貼在投票處外，他也邀了幾位藝文界女孩來現場加油。

我第一次碰到經營旅社的某大哥，兩人在會場禮貌握個手。開票結果，我獲四十多票，連最後一名候補理事也擠不上，G則高票當選理事。我一一握手感謝大家支持，很開心，只為打破同額競選醜劇而已。

事後聽說某大哥早部署多時，比照各警分局轄區，他每區都前往拜票，姿態很低，除了餐會和送禮，還有第二攤。雖然許多專職記者都投我一票，根本不敢螞蟻雄兵。小楊如其所願續任公會總幹事，某大哥則連任兩屆六年。

縣政府舉辦盛大典禮，某大哥都以記者公會理事長身分坐貴賓席，拍大合照時，也被安排坐在第一排的縣長、議長旁邊。想到小楊先前痛罵理事長是「開娼館的」，我遠遠旁觀，不禁大笑起來。

06

黑道大哥火鍋宴

台北早期知名酒家有「杏花閣」、「五月花」、「黑美人」等，豐原則有「桃花鄉」和「芳玉」，小鄉鎮的酒家雖然比較俗氣，不若台北高檔，生意還是經常客滿，樂師「那卡西」奏起來，熱鬧滾滾。

一位自稱與國安局高層有交情的人，一九九〇年提供我一份資料，詳載縣議會議長林敏霖在銀行超貸弊案。他並表示長期注意我的報導，很有勇氣，有正義感，因此僅把資料提供給我。

這個人神秘兮兮，約我兩三次見面，還把他與穿軍服的國安局局長合照給我看，強調他在地方做佈建與情資工作，不便曝光，手中資料為真。林議長確實在大肚山上大興土木，計畫開發新社區，我以五百字報導這則新聞，內容頗含蓄。

由於《首都》報份不多，見報當天並未引起波瀾，僅到縣府例行採訪時，有幾人舉大拇指稱讚說：「又一個大獨家！」我也不以為意。傍晚回到台中寫稿，不久，辦公室電話聲響起，同事說找我的，一接電話，「喔！是是！洪大哥你好！是是！好好！」

原來是洪大哥來電，問我下班後是否有空？晚上八點約在芳玉大酒家見面。我心裡有譜，該來的還是會來，應該就是為了議長超貸弊案新聞。

洪大哥是我兩三年前認識的，任職《中時》初期，一起和同事許林文到台北受訓，第一天晚上，洪大哥就邀我們兩人到高檔的酒家。坐檯小姐旗袍都開高叉及腰，一雙雙雪白玉腿，讓我小鹿亂撞，一再偷瞄。

許林文綽號「小綿羊」，和年約五十歲的洪大哥熟識多年，此番特別帶我來見見世面，並向他提起我過去在《台時》的表現。洪大哥滴酒不沾，只是點點頭致意，要在座其他人多向小綿羊和我敬酒。

相互敬酒中，我要去洗手間一下，站在包廂一旁的保鑣小弟一路陪著我。看他腰間鼓鼓的，顯然有傢伙在身，我回到包廂繼續喝酒，他才又站立角落。

後來，我偶而在縣政府碰到洪大哥，彼此客氣打招呼，各自忙碌。只要縣政府有重大工程招標，就會出現黑影幢幢，各路人馬展現實力。洪大哥扮演仲裁者角色，他在江湖有一定地位，黑白兩道都有人脈。

這是洪大哥第一次打電話給我，而且親自邀約。我截稿後簡單吃了晚餐，騎摩托車趕往豐原，準時赴八點的約。

芳玉大酒家大包廂只有一個主客，就是我，洪大哥右座是一位看起來像黑道兄弟的K，左邊是洪大哥隨身保鏢，約四十歲，面容嚴肅，上回曾在台北酒家見過。包廂就四個人喝酒，桌上一盆火鍋，幾道菜，沒有陪酒小姐，沒有那卡西伴奏。

寒暄不久，洪大哥開門見山表示K有事請他幫忙，因此約我前來一聚。留平頭的K則客氣說：「我的好友是台灣銀行經理，今早看到你的報導，非常困擾，請高抬貴手。」他鄭重向我敬酒，我趕忙起身回敬表示「不敢！不敢！」

過了一會兒，洪大哥起座搭著我肩膀，要我一起進洗手間。他沒有說話，從褲袋取出厚重信封，硬塞進我上衣口袋裡，我緊張的推說：「不用！不用！」

洪大哥可能看多了新聞界的牛鬼蛇神，天下烏鴉一般黑，臉上流露出認為我

「假仙」的神情。我掏出信封，感覺裡面有兩三萬元，語氣激動的堅持還給他。

喝酒後滿臉通紅的我說：「洪大哥，我們是小綿羊介紹認識，已有多年，應知我在新聞界的為人。那則報導，我點到為止，不會再追。」他只好不再硬塞錢，然後我們回座繼續聊天。

酒過三巡，包廂進來一位二十歲左右的小姐，坐在遠遠一角。洪大哥指著小姐，說她稍後會跟我到旅社。我看了那小姐，姿色普通，臉上有化妝，有點羞澀狀，還偷偷抬頭望我一眼。不過我實在還沒上道，微笑跟洪大哥搖搖頭。

K此時見狀，很豪爽和我又乾了幾杯，表示今後要跟我做好朋友，一起再到台中喝第二攤。洪大哥說他累了，我們去就好。結束芳玉大酒家的饗宴，K堅持我坐他的轎車，摩托車交給他的保鑣小弟騎。我推辭了一下，後來還是讓步。

到了台中已近十一點，我們在成功路的酒店喝酒，暢談甚歡。K說初中也是唸台中一中，只是後來學壞，成了江湖大哥，和某黑派議員是拜把兄弟。隔天，我就把洪大哥和K忘了，迄今未曾碰面。

07 不打不相識的謝老大

謝文正是我以前的同事，我都稱呼他「老大」，《台灣時報》最風光時期，他在台中海線「喊水會結凍」，二〇〇〇年之後因大環境改變以及報社沒落等因素，黯然離開新聞界舞台。

我與謝老大可說不打不相識，一九八六年底，他擔任一位公職候選人A的總幹事，A到選委會辦理登記時，態度囂張且目中無人，我將所見所聞寫成報導。隔天見報後，時任軍方《台灣日報》記者的他，專程從大甲趕來找我「借一步說話」。

《台時》後來擴大記者編制，謝老大和我成為同事，仍負責海線，包括大甲、清水、烏日警分局轄區，他與《中時》記者許林文等人組聯合陣線，在當地非常活躍。

尤其《台時》關心社會弱勢，支持民主改革，影響力大增，台中縣發行量高達二萬份，與《中時》和《聯合》旗鼓相當，記者走到哪都虎虎生風。

民進黨台中縣黨部成立，謝老大是唯一入黨的記者，參與甚深。他文筆好，口才好，加上人面廣，海線的群眾大會經常由他主持。如果當晚出席約五百人，他報導內容會增為數千人；若人數確為兩三千，隔日新聞會誇大近萬人。曾有地方人士事後向我反映，我也只是莞爾一笑，沒嚴格要求他「客觀中立報導」。

一九八九年我跳槽《首都》，《台時》特派員王錚向報社推薦謝老大接棒。由於必須從海線改到山線來，往返路途遙遠且責任加大。在眾人鼓勵下，他勉為其難接下重任，海線好友也紛紛設宴歡送。未料人事令發布，接任者竟是最資淺的「小李子」，謝老大也只能苦笑。

當年縣長大選，因民進黨候選人楊嘉猷是謝老大的小學老師，競選總部又位於清水鎮，他更是賣力助選，文宣方面也出不少點子。他不只幫民進黨，也有餘力介入國民黨內鬥。國民黨省議員張郭秀霞連任數屆，年紀已大，他幫新人楊瓊瓔競選操刀，文宣攻勢淋漓，竟然扳倒對方。

一九九〇年七月我回任《台時》召集人，與謝老大互動密切，交情甚篤。由於年長我多歲，社會歷練豐富，所以尊稱「老大」。我結婚宴客當天，台上典禮致辭甫結束，他還搶麥克風要求新郎、新娘親吻，同時一個個介紹與會貴賓，讓場子熱鬧不已。

08 丐幫幫主詹仔頭

「詹仔頭」這號人物，在台中縣政壇可說赫赫有名，人稱詹記者或詹社長。有人指他行俠仗義，有人說是丐幫幫主，亦正亦邪，評價相當兩極。

如果將報禁時代的媒體生態比喻為中原武林，《中時》、《聯合》有如武當、少林兩大門派，《台時》、《自立》、《民眾》、《自由》、《中央日報》、《新生》、《新聞報》、《中華》、《台日》等則可歸類為小寺廟；其餘林林總總、奇奇怪怪的報社或小地方雜誌，另屬丐幫一族。

經由《台時》特派員王錚介紹，我很快地和詹仔頭熟識起來。一方面是他倆過去一起跑新聞的深厚交情，一方面是我的衝勁令他頗欣賞。

詹仔頭是客家人，早年曾在《民眾》服務，黑白道人脈廣闊，後來接辦《地方事》雜誌，內容與地方政壇內幕有關，並參雜縣內事務，發行市場雖不大，縣府、議會及鄉鎮公所多不敢得罪。

雖只是小地方的雜誌，但小報大記者，詹仔頭敢挑戰權威，不畏惡勢力，曾讓一位收紅包辦案的台中地檢署檢察官入獄，也揭發台中縣警察局霹靂小組集體貪瀆案。後來，台中市長張子源因炒地皮案下台，原因之一也與他鍥而不捨、窮追猛打有關。

詹仔頭對我很照顧，我對地方政情不了解，他會詳細幫我分析。議會開會或選舉前，紅黑兩派各有派系大會，詹仔頭是唯一能進入現場旁聽者。第二天一早，他會悄悄將重要決議或現場狀況透露給我，《台時》也因此偶有獨家內幕。

有一次我報導某警官簽「霸王簽」，也就是簽賭大家樂，中了拿錢，輸了耍賴。我年紀輕輕沒經驗，只因縣府某官員私下忿忿不平指控，我手中並無實質證據，該官員隔天也否認是他說的。這警官揚言要告我，詹仔頭、王錚和《中時》前特派員馬占魁帶了茶葉，專程到縣警局極力安撫才擺平。

當然我們也是相互拉抬，我的報導在報紙登出後，他在下一期雜誌繼續深入追蹤，甚至引用剪報內容，圖文並茂，增加可讀性。或者是我自己跑出其他內幕，他轉載在雜誌上，甚至擴大報導，我知名度也隨之大增。

詹仔頭花錢很慷慨，常看他作東請客，和議員打麻將也是幾千底，每次輸贏好幾萬，都面不改色。或許他不像一般記者苦哈哈，也有豪賭性格，有相當條件與一些議員在牌桌上拚狠。

在台中縣前後五年期間，詹仔頭也看著我成長，對我頗多鼓勵。一九九一年夏天，我因處理諸多地方政治新聞，引起一些政客不滿，被報社調離台中縣。詹仔頭很關心此事，幾個月後，他說經深入調查，是有一個很複雜的集團運作結果，但他不便透露。

詹仔頭自己出過好幾本書，包括收紅包辦案的檢察官鋃鐺入獄、張子源炒地皮案，他都有辦法發行上萬本，全國各地從南到北、從西到東寄送，每一位政府高官、重量級民意代表、警察首長、調查站主任都收得到書。甚至過去曾在台中服務的檢調官警，經過多年已高升為其他縣市主管，他也都保持關係並寄書致意。

我離開台中縣後，很久沒有和詹仔頭聯繫，後來獲悉他大病一場，身心交瘁。

原本大家以為他將掛在醫院了，沒想到過一段時間復出後，竟又生龍活虎，部分政客又被他搞得灰頭土臉。

後來他在寫新書閉關期間，王錚和我成了他最信任的朋友，每一篇完成後，兩人也協助校稿，有機會先睹為快。雖然民進黨縣長廖永來被他批得很慘，詹仔頭對台灣政治的看法和我不同，或者書中修理到我的好友，我都謹遵潤稿角色，讓文章保有原味。但部分內容若有誤解或偏差，我提出意見後，他也會參考修正。

我一直很同情新聞界丐幫，裡面也不全都是壞仔，只不過無法進入主流，而被武當、少林以及諸多小廟排擠，只好各憑本事。

身為丐幫幫主，詹仔頭早已當阿公，也退休在家了。有幾次農曆過年，都先接到他的賀年電話，讓我很不好意思！一再答應將抽空到新社鄉看他，卻拖延多年，仍遲遲未成行。我的心情很微妙，還沒找到答案。

09 老政治犯黃金島

前輩作家楊逵告別式一九八五年三月在台中殯儀館舉行，公祭時，聽司儀唸出「綠島同學會」，只見一群老人紛紛出列行禮，事後才知所謂「同學」就是老政治犯彼此的稱呼。

我就讀大一時在台北看過楊逵，小說《壓不扁的玫瑰》和《鵝媽媽要出嫁》重新出版後，民歌手楊祖珺以一首〈壓不扁的玫瑰〉唱遍各個黨外運動場合，楊逵在台上揮手回應群眾熱情，非常轟動。

台大教授殷海光逝世十週年紀念活動，楊逵從台中趕來台北參加，我也到台大校門口集合。由於對他有一份敬仰，曾靦腆上前與他寒暄，並一起搭專車前往南港「自由墓園」。

在楊逵告別式，第一次看到那麼多老政治犯，大家都衣著樸素，頭低低的，彼此默默打招呼，讓我很好奇。廳堂外則見作家陳映真和唐文標在交談，我以前看過兩人，陳映真也曾是政治犯。

一九八六年我在台中縣跑新聞，第一位熟識的老政治犯黃金島，竟關了廿四年黑牢，不久又認識的鍾逸人也被關十七年。

黃金島一九二六年生於台中南屯農家，十六歲派赴海南島受訓，成為日本海軍陸戰隊成員。二二八事件爆發，他擔任「二七部隊」警備隊長，並在第一線指揮埔里「烏牛欄」戰役反抗國民黨軍隊。

烏牛欄戰役後，他逃亡六年，一九五二年在裝甲兵學校被捕，先後拘禁於新店軍人監獄、台東泰源監獄、綠島監獄，一九七五年才重見陽光。

民進黨縣市黨部尚未成立之前，黃金島與一群年輕人在太平鄉成立「大屯區民主聯誼會」，成員來自各鄉鎮與市區，各場政治集會或抗爭無役不與，也成為台中民主運動指標。

後來因我經常報導該會動態，他們有任何活動或幹部私下餐敘，也會邀請我參加，因此與會長黃金島、執行秘書黃世殿、幹部林清煇等人，都建立了深厚友誼。民進黨台中縣黨部一九八八年成立，田再庭當選主委，黃金島擔任評委召集人。我和黃金島互動更密切，他後來卸任聯誼會職務，我始終仍以「會長」尊稱。《首都早報》創刊，原本承攬《台灣時報》太平鄉發行業務的黃金島，義不容辭跨刀相助，並在辦事處高掛《首都》橘色招牌看板，遠遠看就非常醒目。

因王世勛幫他寫一本口述《烏牛欄戰役始末》冊子，我才略知二二八事件「二七部隊」，區區三十多人竟能和國民黨軍隊七百人戰鬥數日，以及黃金島在戰役中的角色。

也是在那一年，二七部隊隊長鍾逸人出版回憶錄《心酸六十年》上集，他先前常來辦公室找王世勛，我們因此認識。滿頭白髮已有年歲，但身體強健臉色紅潤，精神抖擻，他透露是天天吃綠藻所致。而且事業有成，講話更滔滔不絕，我從其身上看到老政治犯的另一面。

實在很難想像在黑牢是什麼世界？法國作家大仲馬小說《基度山恩仇記》，愛德蒙．鄧蒂斯整整十四年冤獄，近乎崩潰，好不容易逃出後尋獲寶藏，並精心設計復仇過程。黃金島在獄中又是如何煎熬度過？

某假日，我到「會長」家拜訪，剛好他外出一下，我和「會長娘」王昭娥聊了起來。過去十多年來，她一直是黃金島的革命伴侶，包括一起走街頭抗爭、反國民黨、參與民主聯誼會會務、民進黨黨務、輔選等。

很好奇中年的她怎麼和政治犯相識結婚？在我追問之下，「會長娘」很不好意思的拿出一封情書，那是黃金島還在獄中寫給她的信，內容看得出情意綿綿，顯然彼此已通信許久。

黃金島回到家後，另拿了一份出獄證明書給我看，包括叛亂罪名及刑期均註明在上。他五十歲才走出黑牢，和小他約十歲的「會長娘」結婚，被剝奪的青春歲月，令人不勝唏噓。

一九九一年黃金島夫婦也來參加我的婚宴，與老爸一見如故。由於兩老都懷念日本時代，也厭惡中國國民黨，有許多共同經驗，後來還到家拜訪數次，相談甚歡。

二二八事件平反後，許多老政治犯也成為正義化身。最常看到的是鍾逸人應邀在紀念活動演講，回顧英雄事蹟，每每超過時間，欲罷不能，令人頭痛。黃金島則比較低調，與他不喜出風頭的個性相符。

黃金島曾經拿一些資料給我，大概是他戰後和許多「台灣人日本兵」被關在海南島集中營，逃出後一起集資僱船歸航台灣，不幸遇上大颱風及中國海盜，最後才千辛萬苦回來，半年後又躬逢二二八事件等過程。

他希望我協助整理發表，奈何自忖文筆不佳，信心不足，只將資料帶回研讀，遲遲不敢答應。幾年後獲悉中央研究院進行二二八事件口述歷史訪談，他也是被訪談者之一，才稍釋懷，否則真擔心這段重要歷史被遺漏了。

台中市北區「寶覺寺」寶塔，存放許多戰時日本人骨灰，並有一座「第二次世界大戰經日軍征赴戰場而戰歿之參萬多名台胞原日本軍人軍屬之靈位」。有感當年歷劫歸來之大幸，台灣人日本海軍生還者社團「海交會」，以及陸軍生還者「南星會」部分成員，特於該寺捐助建造「和平英魂觀音亭」。

每年春秋兩祭，寶覺寺同時弔祭這些台灣人日本兵與日本人，黃金島和知名人士吳振武都是「海交會」常務理事，我也曾前往觀禮，並定期收到「海交會」通訊，欣見「會長」仍精力十足，在各種場合非常活躍。

前衛出版社二〇〇四年由潘彥蓉和周維朋整理，將黃金島精采經歷出版《二二八戰士黃金島的一生》，我特別買一本送老爸，也打電話向「會長」致敬，感覺他很開心。

左起：田再庭、許榮淑、黃金島、黃華（曾明財/攝影）

10 施明德的綠島同學

除了被關廿四年黑牢的黃金島，我另一位熟識的老政治犯張炯東，是前民進黨主席施明德的台東綠島監獄「同學」。

我都用台語稱張炯東「歐利桑」，民進黨台中縣黨部成立後，在一些活動常見其身影，出錢出力且不居功。他六十多歲，眾人都很敬重，但我還不熟。

採訪民進黨活動時，偶而和他聊天，略知他曾是政治犯。後來彼此稍熟悉，某日熱情邀我截稿後到家裡晚餐。

他家在神岡鄉巷內一戶平房，歐巴桑親自下廚，只有我們三個人用餐，他的小女兒則因上課，稍晚才回到家。

歐利桑表示他是出獄才又生小女兒，他最疼小女兒了，小女兒幾歲就代表他出獄幾年。這些年他因有財務管理專長，一直在乾兒子經營的工廠幫忙，生意還不錯。

歐巴桑則說當年丈夫被逮捕，經過許久才知被關在台東。為了探監，她左手牽一個，右手抱一個孩子，千里迢迢從豐原搭火車到台東，一次只能見十分鐘，然後再折騰返家。她含淚敘述往事，我聽著竟也淚流滿面。

張炯東一九二七年出生，日治時代台中商業學校畢業，學歷好，婚姻和工作也很如意。一九五四年他和幾位醫生朋友認真討論台灣前途問題，後來籌組「台灣文化推進會」，其實只是一人組織，發函給美國和日本駐台灣大使館，控訴國民黨政府非法佔領台灣。

這封信寄出後，情治單位從中截獲，一九五五年元月被逮捕，以涉嫌叛亂罪嫌「二條一」死刑罪起訴，最後是以「二條三」判刑。他二十八歲開始被關十五年，一九七〇年三月十五日出獄。

歐利桑指出，監獄內政治犯也分兩派，有統獨之分，雙方經常論戰廝殺，他和施明德都是強硬的獨派。歐利桑身體瘦弱，說話時眼睛則炯炯有神，毫不後悔曾堅持理想而被關。

因為在他家流淚過，感覺與他更親近了。一九九一年我調離台中縣後，很久未和他聯繫。又過了幾年，獲悉歐利桑小女兒已有男友論及婚嫁，準新人都在學校任教。他的小女兒三十歲，歐利桑也七十多歲了，晚年看到心愛女兒有美滿歸宿，應該相當欣慰。

施明德與同學張炯東（曾明財/ 攝影）

11 縣黨部地下執行長

民進黨台中縣黨部一九八八年三月成立，我因新聞工作經常出入，黨部執行長羅隆鎗後來長期請病假，黨務一度群龍無首，我偶而熱心前往協助。

一位大學剛畢業不久的女孩淑玲，家住豐原，來縣黨部應徵會計工作，職稱「幹事」。由於黨務繁雜人手不足，羅隆鎗又忙於學校事務，淑玲是辦公室唯一全天坐鎮的黨工，什麼事都得忙。

對政治完全陌生，每天和一群被黨國媒體指為「牛鬼蛇神」的人相處，淑玲感觸良多，但也因此有機會第一線觀察民進黨是什麼？做什麼？黨員有什麼理想？

縣黨部籌備初期，我就常進出位於圓環東路的辦公室，熟識每位幹部。淑玲來上班幾個月後，我們也從生疏變成朋友，中午偶而會在黨部一起叫便當。

不久，淑玲說她要入黨，我有點驚訝！她每天在黨部看在眼裡，對許多黨員無私奉獻非常感動，她又是在黨部工作，希望以自己入黨行動表示支持。那年代少有年輕女性入黨，我不便勸阻，只覺得她比我有勇氣。

民進黨在各鄉鎮逐步成長，縣長及立委、省議員選舉即將初選，黨內派系競爭也隱然爆發，羅隆錚為此身心交瘁，擔任執委的阿喜避居東勢，「三劍客」之一的阿煌難以支撐。這三人原本最投入黨務，如今縣黨部沒大人坐鎮，住在其他偏遠鄉鎮的執委也無能為力。

羅隆錚請病假前，淑玲由於工作認真負責，執委會已經通過升任副執行長，另聘一位高職畢業的女孩擔任幹事兼會計。後來縣黨部大小事務都是淑玲有條不紊處理，還多次以代執行長身分赴台北開會。

不忍看兩位女孩獨撐大樑，我不定時到縣黨部關心一下，偶而中央黨部來文，淑玲不知如何處理較佳，則會和我討論。我的建議經她採納，有了參與感，若公文比較棘手，也曾騎機車載她往東勢找阿喜商量。

由於在新聞界早被貼上綠色標籤，加上常有精采報導，其他媒體若需訊息都找我打探。《中時》或《聯合》記者要採訪縣黨部主委田再庭看法，但一時無法聯絡上，也都請我代言，我稍晚再跟老田電話照會即可。

某天中午在黨部吃便當時，淑玲戲稱我是「地下執行長」，我也不好意思地笑了起來。其實大學畢業前夕，夢想未來志向就是當「社會運動家」呢！

第一屆主委田再庭高票當選立委後，楊嘉猷接任第二屆主委，之後兼任中央黨部僑務部主任，淑玲也北上襄助。過一陣子接到淑玲來電，說她下班後時間很多，除了唸書，希望學習會計實務工作。我剛好台北有好友是會計師事務所所長，乃介紹她前往。

半年後，她辭去中央黨部工作，好友認為她非常優秀，極力邀請到台北事務所任職。好友也在台中開辦分公司，她經過歷練一兩年，成了主管並考上會計師，後來還認真苦讀取得博士學位，令「地下執行長」的我頗感欣慰。

民進黨台中縣黨部成立（曾明財/ 攝影）

12 第一次被告

「跑新聞多年沒被告過，算不上真正的記者。」這句話似乎是新聞界的名言之一。我因為有了第一次發抖經驗，後來又被告過兩三次，已能坦然以對。

一九九一年春天，參謀總長出身的行政院長郝柏村，又引起正反兩方爭論，王世勛在台中市議會發起連署，反對郝柏村繼續組閣，獲多數議員支持通過，新聞轟動全國。

過了一星期，國民黨台中縣議會黨團書記叢樹林，發動連署支持郝柏村繼續組閣，兩個議會打對台，非常熱鬧。

在縣議會採訪的我發現有異，當天是臨時會報到日，議事組進行議程報告，主席敲槌就算完成，沒人在意出席人數是否過半？

議會宣稱過半數通過連署，我看連署書簽名奚奚落落，熟識的幾位議員並未出席，名字也簽在上面，打電話查證後，對方也說毫不知情。

第二天《台灣時報》全國版獨家，我比較兩縣市不同立場，然後指出：「台中縣議會的連署，因部分議員名字是被冒簽，致使這份支持郝柏村的聲明，打了相當折扣。」

這則報導挑起部分人士神經，不久，眷村出身的叢樹林以妨害名譽告上法院。由於我是第一次被告，毫無經驗，他到底怎麼告法？是否也告報老闆、總編輯？我都不知道！是否接到傳票？現在竟也沒印象了，似乎是報社編輯通知我出庭時間。

開庭當天，被告只有我一人到場，有點緊張。台中一些朋友都趕來聲援，將旁聽席擠得滿滿。年輕的法官很客氣，認為此言論自由案頗有意義，並請雙方各陳意見。我和叢議員認識數年，彼此並無恩怨，兩人先握手。事隔多年，已忘了是怎麼回應法官問話，只記得陳述時，雙腿竟些微發抖，遜斃了，不知是否初次被告上法庭都如此？

事實上，在出庭前一個月，我已先飽受壓力，因報導張姓議員參加大雅鄉村民大會，喝醉酒跳上桌又往台下摔玻璃杯，吳姓議員竟代他向「中華民國新聞評議委員會」申訴。教育局陳姓課長到議會開會，以台語「銜啥小」責備年長的下屬，經我報導後，也同步向報社提出書面抗議。

事後發現議員與課長的申訴書，內容百分之八十相近，都是由議會主任秘書蔡某操刀。一位議會女工友則向我透露，報社同事「小李子」也參與幕後，連續幾天都來找蔡某交換戰情。

地方中心主任看了我的書面報告，認為新聞處理無誤。不過，報老闆為了電線、電纜生意，積極和省議員攀關係，紅派某省議員也向老闆說了話，老闆要總編輯「處理一下」，連同官司將可一筆勾銷。

報社擬調我到台中市，新職稱是「特派記者」，小李子將接我職務。我強烈抗議，批評報社毫無立場和骨氣。編輯部高層自認理虧，改調省政組同事吳錦壽代理，我勉強接受派令。半年後，原本因報老闆誤信讒言而離職的王錚，回任台中縣召集人。

13 民主燒酒雞

台中市中區柳川有一家專賣燒酒雞的路邊攤，曾長期伴隨多位熱衷民主運動朋友，生意興隆，是堪稱與「民主豬腳」媲美的「民主燒酒雞」。

這家經營多年，強調百分百純米酒，肉質和做法更佳。老闆個性憨厚，笑口常開，很有鄉土味，和辦公室就在附近的《台灣時報》記者們熟識。

王世勛代表黨外參選市議員，我們一群記者幫他助選，忙到競選總部關門，大家也是吆喝一聲趕去吃一鍋燒酒雞才回家。

王世勛榮升台中管理處處長後，多次約大家晚上喝酒，更是以「民主燒酒雞」為大本營，看他表演倒米酒入鍋再煮沸過程，顯見已是行家，比老闆還內行。

之後得知，一九八二年七月颱風夜，他和好友利錦祥、洪醒夫就是在此聚會暢談，褒貶時事。老利和洪醒夫搭計程車回豐原途中，司機超速行駛發生車禍，老利重傷住院，洪醒夫內出血去世。洪醒夫才三十三歲，甫獲《中國時報》文學獎和《聯合報》小說獎，宛如彗星驟然隕落，令人感傷。

我在《台時》已兩進兩出，仍常和老同事相聚，冬天在王世勛召集下，「民主燒酒雞」還是大家最常碰面之處，似乎永遠吃不膩。

一起跳槽《首都早報》的張坤皇一九九〇年結婚，中午婚宴安排在他家門口路邊，席開二十桌全都是素食。由於新郎是省政特派員，也歷任《台日》和《台時》省議會記者，人脈廣闊，當天場面熱絡，《首都》總編輯和政治組主任也前來祝賀。

筵席送菜過程，就有幾位記者抱怨吃不慣素食，也沒有提供酒，新郎只能私下頻頻致歉，表示是奉母之命才辦素食婚宴。

送客後，幾位平時就熟識的來賓，包括王世勛和省政府委員施金協、國大代表吳哲朗，還有某大學訓導長L及兩位資深記者，仍意猶未盡，又相約轉到老地方吃燒酒雞，越聊越盡興。

L是新郎的大學老師，政治觀點跟國民黨接近，和王世勛完全不同，彼此針鋒相對。王世勛後來認為兩人繼續再爭辯很沒意思，也對主賓施金協不禮貌，建議L不要再談政治了，並開玩笑：「再說的話，要把熱湯淋到你頭上！」

L則仍越說越亢奮，還是無法自行停止，王世勛想自己前話既已說清楚，當真站起來雙手提起火上的熱鍋，就往他頭上淋下去。L大怒，說時遲那時快，兩人大打出手，雙雙掛彩，桌上餐盤碗筷全翻落地上，一旁的朋友們趕緊拉開勸架，有人為此也手上傷痕累累。

王世勛確實是真性情，十多年後，我提這趣聞消遣他，他仍堅持有提醒L在先，不得已才端熱鍋淋頭。

王世勛和老利應該是「民主燒酒雞」的最忠實客戶，每有南北好友到台中，常由他倆輪流作東，相約吃燒酒雞。一位豐原鄉親剛好待業，經他和老利介紹「民主燒酒雞」，並安排前往認真學習做法，後來在豐原三民書局附近開業，兩人經常前往捧場鼓勵，燒酒雞生意也越做越好。

二〇二三年我到圖書館借閱《洪醒夫全集》共計九冊，包括小說、散文、新詩、評論、書信等，發現作者一九七七年發表的短篇小說〈下樓〉，其中有數段文字：

「廖胖子的四物雞酒遠近馳名，生意頂盛。土雞切塊，以食油混麻油烈火爆炒，炒到將生將熟境界，放入陶甕中，加四物，不加半滴水，只灌米酒，全雞八瓶，半雞四瓶。陶甕加蓋，炭火燉之，到一定火候，掀去甕蓋，讓酒氣蒸散，然後以胡椒鹽沾食，味道鮮美無比。

全雞約有四斤肉，可食八人，售價五百元，半雞二斤許，售二百五十元。同時又可隨顧客吩咐，加攙米酒若干瓶，以便隨各人之好惡，調節酒味之濃淡。」

「廖胖子經營的小館子，就在報社附近，記者們三不五時興致一來，總要叫來一鍋，過過饞癮，今天張三作東，明日李四付錢，誰也沒多大計較。有時一隻全雞，幾盤炒飯，就夠八九個人消磨一兩個鐘頭，酒足飯飽，還真划算。」

14 叱吒風雲特派員

原任《自立晚報》特派員B於二〇一三年因心肌梗塞去世，曾在台中新聞界叱吒風雲的他，靜悄悄地離開人間，似乎這些年也很少人再提起過他。

我一九八五年開始知道B，他原本在台北大報任職，下定決心為《自立》來到台中拓展，並連續以幾則獨家新聞打出天下，其中尤以平反「孫立人案」最著名。《自立》因報導桃園機場事件警民衝突真相，那幾年紅遍台灣各地，因B的努力經營，邀集多位年輕人才加入台中陣營，有晚報和早報，幾年後也蔚為地方霸主之一。

B後來離開《自立》，擔任《台灣時報》副總編輯兼中部主管，廣告專員近二十名，做的有聲有色。一九九五年台中爆發「冬瓜標」的黑道小弟打《聯合》和

《台時》記者事件，台灣新聞記者協會串聯全國記者抗議，要求警政署徹查到底，卻意外傳出B介入與黑道搓圓仔湯。B雖再三澄清，外界仍繪聲繪影，對他打擊甚鉅。

某晚B突然打手機給我，請我務必立即打電話給彰化縣長阮剛猛。「為什麼要打給他？」B竟支支吾吾，只是再三拜託我。考慮了幾分鐘，當然沒打，他也沒再為此事和我聯繫。

我一九九二年到彰化縣擔任採訪召集人，阮剛猛擊敗周清玉之後，又連任一屆，《台時》是少數偶而會嚴厲批評縣政的報紙，他曾透過一些管道疏通無效，最後竟然找B出面。

過了一兩年，我學會諒解了B。他或許有苦衷，或許為了報社廣告業績，或許是個人其他因素。我離開新聞界後，《台時》因時代變遷又變成小報，聽說B也離開了。

某日，一位老友約我討論新時代的網路媒體，有意在台中成立一家公司。我到場赫然發現B是其中主導人物，當下就決定不參與，可能是因心裡還有芥蒂。

後來聽說他有一些狀況，社會面漸漸降低，據說是離婚，接著又再婚了，甚至將參選二〇一四年台中市長。未料最後消息竟是去世，告別式也頗蕭條。

先前透過一位老友得知B去世訊息，也知道告別式日期與地點，但我當天還是沒有出席。不願看到那一代的台中新聞界巨星，結果竟是如此黯然凋零吧！

15 抄稿記者的護身符

初識「阿毛」，覺得他一副莽漢狀，個性則很直爽，不虛偽。我們雖沒特別交情，迄今僅記得他台語綽號，忘了本名，卻是讓我印象深刻的一個記者。

還沒解除戒嚴，台中市警政記者不多，阿毛是其中之一，每天傍晚都來《台灣時報》辦公室抄稿，完工後和其他記者一起打麻將，大家相處愉快。

那年代只有《中時》和《聯合》兩家在「比報」，其他報社則你儂我儂，記者相互抄稿風氣盛行。《台時》台中版在特派員王錚領導下，新聞領先群倫，蔚為第三勢力，其他小報記者每天來抄稿或聊天，彼此相互照應，其樂融融。

任職《自由》的阿毛是外省第二代，年長我五歲，體格壯碩，禿頭扁臉，眼睛又大又圓，其貌不揚。不過他談話沒有心機，加上是眷村子弟，讓我頗有好感，碰面都會互打招呼。

阿毛來抄稿的時候，偶而會被人消遣，笑他連新聞稿都不會寫，還當什麼記者？阿毛總是不以為忤，甚至笑著回應說：「至少不會抄錯稿！」

當年台中新聞圈有一則趣聞，某記者是知名「文抄公」，卻很吝嗇，人緣也不佳。某日，一群記者決定整他，在他來抄稿前，全部人都故意提早下班，只在垃圾桶留下被揉皺的文稿。

該記者姍姍來遲後，發現大家都不在，乃翻箱倒櫃，幸好在垃圾桶找到那些文稿，打開一看竟是重大搶案新聞，大為驚慌。由於截稿時間緊迫，他匆匆抄稿後，立即傳真到報社。隔天這則新聞見報，竟然是頭版全國大獨家，成為眾人笑柄。

阿毛說他不會抄錯稿，應是指自己和那位文抄公不一樣，至少他人緣好，會和大家打成一片，而且都提早時間來抄稿，不會造成別人困擾。

我進一步了解阿毛，是某天截稿後的晚上，跟隨報社同事到市區酒店應酬，發現阿毛正在招呼客人，店中還有幾位警政記者一起喝酒。後來得知，這些警政記者有的幫其他酒店顧店，有的掛名公關，也有扮演白手套，有的則自己入股當老闆或大股東。

阿毛因負責顧店要忙到三更半夜，疲累不堪，白天才有時間睡覺。休息到傍晚再趕來抄稿，對報社交差後，再去酒店當班。猜想他生活應是如此日復一日，很辛苦，但也有較多收入與樂趣。

過了幾年，阿毛任職的報社重整旗鼓，淘汰一些不適任記者，大刀闊斧革新，報份逐漸上升，甚至和《中時》、《聯合》鼎足而立。他當然也被資遣了，雖不再有報社護身符，在警政記者圈仍很活躍。

又過一兩年之後，聽朋友說阿毛被判刑，罪名是擔任酒店白手套。到底案情如何？將關多久？我並未進一步了解，心想那是必然結果，相信他出獄後又是一條好漢。

16 查禁書的文化專員

戒嚴時期，警備總部動不動就查禁黨外雜誌，更在縣政府派駐一名雇員，進行新聞檢查工作或到各書店查緝，職稱是「文化專員」。

年近六十的老王，個子不高，瘦瘦的，性情溫和，很像早期身穿藍色軍服、守護海岸線的老兵。因身體不好，自軍方退伍後，就在縣政府新聞股任職。

老王的前服務單位是台中縣團管區，他在縣府辦公室配有一張桌子，沒外出查禁書刊的時候，總是安靜地認真處理公文或整理資料。我雖和他認識，但很少聊天，對他所知不多。他沉默寡言，也不擅於和記者們打交道。

我偶而到豐原三民書局逛逛，發現老王在裡面暗中查巡，彼此也心照不宣。事實上，書局所有店員早知他身分，立即把當期被禁的黨外雜誌藏起來了。老王是奉上級指示例行來走動，態度還算客氣，書局負責人老利也會出面跟他寒暄。

除了憨厚的老王之外，警總不定時也會派年輕便衣軍人到書店查探，若發現販售查禁的雜誌，立即往上密報，請求派員趕來扣書。老利對這種台灣人抓耙仔最反感，有一回還刻意緊急動員幾個好友圍堵，逼得該抓耙仔落荒而逃。

老王過了幾年因病去世，他隻身在台灣，沒什麼親友，兩個兒女都才唸高中，也沒多少積蓄，喪事是由縣政府同仁幫忙辦理，在台中榮總側門邊的簡陋靈堂舉行告別式。

由於老王只是社會底層小人物，儀式非常簡單，出席人數也很少。我雖然交情不深，對他的去世卻有一番感觸，也隨幾位縣府員工趕往弔唁，新聞界似乎只有我一人到場。

17 大家樂明牌記者

「大家樂」簽賭盛極一時的年代，《自由時報》警政記者陳中南也在地方版開闢小欄，每週報兩次明牌，預測中獎號碼，吸引不少讀者，不輸最紅的《台灣時報》副總編輯童錦茂漫畫明牌。

我到台中縣跑新聞不久，認識很有江湖味的阿南，年長我六歲，身材不高但硬朗敏捷、膚色黝黑，平日也不修邊幅，不像正統記者樣子。

《自由》當年還沒什麼影響力，阿南與主流的警政記者很少往來，這些人也把他當成地方辦事處「辦報紙的」，明顯與其劃清界線。

由於我採訪重點是府會新聞，還得兼顧重大社會新聞，必須靠其他報社警政記者襄助，對非主流的阿南只有碰面時點頭，偶而寒暄而已。

半年後，有幾回在縣府相遇，他對我曾寫的幾則新聞讚賞有加，兩人才有機會進一步交談，也了解阿南不願和其他記者攪和的原因。他說自己常跑一些新聞讓警方跳腳，其他記者則只搞交情，不敢揭發警界弊端，因此沒交集。

大家樂簽賭在坊間愈來愈盛行，甚至影響整個社會，各大媒體紛紛深入報導。除了自稱正派的《聯合》和《中時》，包括《台時》、《自由》、《民眾》和其他小報，都以明牌廣告賺了不少錢。

總社剛從台中遷往台北的《自由》，原本在台中沒多少人看，阿南後來每週兩次在報端分析明牌，也經常報導善男信女因土地公顯靈或其他神蹟而中獎新聞，報份因此漸增，中部縣市讀者都看得到他的專欄。

我實在不信邪，對阿南的胡說八道也持姑妄聽之態度，實在很難相信。某晚請他專程帶我去一窺究竟，我們到豐原市郊一座小廟，看一群人虔誠在地上摸索，期待明牌出現。我還是很不屑地暗笑，阿南則強調真有神蹟。

阿南私下指出，他在專欄透露的明牌，多數是在夢中顯現，部分則是寺廟提供的。我某日截稿後，約他一起去參加應酬，他說不方便，必須早點回家睡覺作夢，因隔天要寫專欄，我則哈哈一笑。

當年，我數度在縣府記者室看他坐在角落沉思，手上一大堆紙張記載過去每期中獎號碼，原來他也認真在心算機率，並非都靠作夢及神蹟。

因為阿南的明牌，《自由》在中部殺出一條血路，報份大增。這樣說當然不盡公平，不過看該報社台中主管對阿南高度禮遇，也算是對他的肯定。

一九八八年三月民進黨台中縣黨部成立，擬借用縣立文化中心旁場所召開大會，經我私下協調，已獲縣長初步同意。我接著安排縣黨部主委田再庭禮貌拜會縣長，兩人相敬如賓，後來為了會場使用時間多寡，竟抬槓起來，不歡而散。

我不希望雙方為了多或少半小時而壞了此事，乃極力化解，並拜託各報記者勿將吵架一事見報。結果包括《中時》、《聯合》、《台日》、《民眾》等大小媒體，都接受我照會後，僅阿南一人堅持要寫。

阿南並不在縣長室現場採訪，僅耳聞一點內容，既然他堅持，我也不便強求，乃轉告其他記者不用掩蓋了。從此事也可看出阿南特立獨行，不因和我的交情而妥協。

阿南也不畏地方勢力及關說，多次炮打橫行台中的長億財團。老闆楊天生透過管道請手下留情，他都不買帳，直到投資《太平洋日報》掛名副董事長，因阿南也在該報兼職才罷休。

18 怕太太的老獅

台語綽號「老獅」的鄭錦銓，跑新聞數十年如一日，待人處事永遠笑嘻嘻，很少得罪人，是我在台中縣的老戰友，也是打麻將固定牌友之一。

我還是菜鳥記者就和老獅同一陣線，他已在《自由日報》任職多年，經驗豐富，常寫一些地方風土民情或奇人軼事，這都非我擅長。後來我以跑民進黨新聞和挖縣府內幕著名，也提供稿源讓老獅發揮，彼此功力都大增。

當年老獅六十多歲，理著平頭，有點白髮，看起來老當益壯。他兒子鄭毅和女兒鄭玫的文筆都不錯，後來分別在《聯合報》、《民生報》任職，表現優異。

老獅是有名的「PTT」俱樂部成員，萬事以老婆為尊，不過偶而還是會透露一些風花雪月，聽得我津津有味，非常佩服。

最懷念的還是和老獅一起打麻將，他牌技中等，穩健保守。一開始覺得這把牌不好，就穩紮穩打，下車為要，避免放炮，不像我什麼牌都猛衝。

老獅聽牌時候，可以感覺到他緊張呼吸聲，忽上忽下。我們都擔心他有心臟病，萬一自摸過於興奮而發作，因此都叫他「別激動、別激動」，好不容易等這把牌結束，大家才鬆了口氣。

老獅雖是外省人，台語講得很溜，也娶台灣老婆。他沒有特定政治立場，只要是新聞他就寫。《自由日報》改名《自由時報》後，地方版言論尺度寬廣，我不論在《台時》或《首都》，老獅都是我最堅定盟友，尤其在縣長和立委大選期間，可說一起打過美好戰役。

離開台中縣後，幾乎沒再和老獅打過牌，只有偶而碰面問候。直到我都離開新聞界，老獅還是退而不休，仍在不同崗位生龍活虎。

二〇〇三年我到台北工作六年，很少機會和豐原朋友碰面，某日回來參加一位老記者女兒喜宴，向同桌友人問起老獅近況，才知已在三年前成仙，令我若有所失。

不過往好的方面想，以老獅的人間歷練，在天上也會有他的一套絕技，搞不好仍在新聞界常跑獨家新聞，也有麻將好打，還有更多風花雪月故事，以後將和大家分享。

第三章

01——記者與安非他命

跑新聞的前幾年，常有機會跟同事外出應酬，雖然我轄區是台中縣，卻也因此認識不少台中市記者。我懂得多聽少說，偶而跟著去舞廳、酒店，也看著新聞界、政界、警界和特種行業環環相扣的食物鏈。

由於傍晚即截稿，很多資深記者喜歡打麻將，好幾家報社的台中辦公室都有牌桌，某些記者甚至在外都有人提供場所。那是報禁開放前後，不管大報小報、大牌小牌，唯記者獨尊。

有的記者麻將打得很凶，輸贏也大，或許他們外快多，不在乎每次輸贏數千或幾萬。由於常通宵熬夜打麻將，也有人到特種行業當「顧問」守夜，後來傳出有一種特效品，說是非查禁藥物，不傷身。使用之後精神好得很，可以三天三夜不睡。

我一直很好奇到底是什麼神奇藥？後來知道叫安非他命，白色粉狀，滲入開水或酒入喉即可，但一直沒機會嘗試。

某晚剛好聊到新出世的另一種安非他命，同事說他前幾天有應酬，一桌人喝酒而已，《中國時報》警政記者L堅持坐離餐桌約十公尺角落，遠遠拿著一杯酒獨飲，不願過來一起喝。

L不敢過來圓桌坐，就是怕喝醉時，被人偷放安非他命到他杯內，萬一沾到上癮就戒不掉了。四十歲出頭的L跑新聞多年，在社會混久了，深知這新毒品之害。

《台灣時報》工友老詹說他常和其他報社記者打麻將，有一次也試過安非他命，真的精神非常好，之後卻也連續三夜無法入眠，痛苦不堪，再也不敢嘗了。

某些記者入行後，其實也像嘗了安非他命，有人一吸或者吸多年，常忘了自己是誰？可以和達官貴人平起平坐。精神特好，筆力萬鈞，卻中毒上癮，活在安非他命世界，反被幻覺控制。

我覺得很遺憾，迄今竟連一絲都沒嘗試過，實在太遜了。有機會的話，倒想試試抽大麻滋味。看一些國外知名音樂人或作家形容，那飄飄然宛若仙境感覺，更激發藝術創作無限想像空間。或許我就是沒嘗過，才一直仍停頓凡間。

02——省政特派員之死

一位老同事二〇〇六年傳來消息：「省政特派員S死了！」事後據我所知，多數同事對死訊都不在意，可能在大家心目中，他不是很好的典範，因此並不難過。

我當年進《台時》任職第一天，是到省政採訪組報到，S是直屬長官，外省人，六十歲出頭。因出過車禍不良於行，走路一跛一跛，同事們私下稱他「跛腳S」。

被空降丟入省政組，我每天從台中搭客運到中興新村，什麼都不懂，他根本不管，也沒任何指導。我第一個月只會天天抄官方新聞稿，後來則忙著助選，他可能都看在眼裡，但也沒講話。

聽同事私下指出，S很陰，表面甜言蜜語，卻經常往上密報，放冷箭中傷同事，王世勛和前任省政記者劉庭祥都曾被搞飛機。

有一次，S在辦公室打電話向編輯部告狀，數落王世勛「未寫稿，也遲遲沒來上班。」被已截稿而在洗手間的王世勛聽到，出來當場發飆，他馬上轉笑臉陪不是，才化解危機。

省議會休會期間，劉庭祥事前向S報告獲准，將隨農林廳官員下鄉考察三天，未料S竟往上呈報：「劉沒進辦公室，又連幾天沒發稿。」事後讓劉庭祥憤怒不已，也想要揍他。

S住家在中興新村，又掛名「台灣省報業公會」總幹事，每天上午到省政府重要廳處逛逛。傍晚進台中辦公室後，一小時內輕鬆寫兩則新聞或特稿，就又拍拍屁股回家，很少與同事互動，大家也敬而遠之。

報老闆非常重視S，他也要幫老闆在省府跑腿，例如報社關係企業要和交通處做生意，或者要租農林廳土地，他都穿針引線不辱使命。同事說S和財政廳關係更好，幫人向銀行貸款再抽取佣金；但他很吝嗇，更避免讓人知道在賺外快。

S也在逢甲大學兼課，辦公室偶而會接到學生來電找「教授」。同事均訝異他是經濟系教授，有人指S是用淪陷中國「鐵幕」的兄長著作，掛自己名字送審，加上有報社特派員身分加持，校方睜隻眼閉隻眼通過。

王世勛擔任台中管理處處長，截稿時間後，偶而上樓到採訪組陪記者打麻將。S偶而也會爭著摸幾圈，牌技高超，我曾看過他有一次「北風北」連續自摸三把，開心大贏而歸。

不過他確實很賊，某晚竟打電話跟編輯部告狀，抨擊王世勛帶頭在辦公室打麻將，影響記者工作。編輯部長官隔天轉知後，王世勛生氣地張貼一份公告：「嚴禁同仁今後在辦公室打麻將，請S特派員速將麻將帶回家去。」副本更當場傳真到編輯部。

辦公室有兩副麻將，新的一副確實是S帶來。我們猜想他可能某晚輸了一點錢，老大不爽，惡心又起，想捅王世勛一刀，沒想到反被將軍。後來同事們截稿後，在辦公室還是照常打麻將，S一朝被蛇咬，再也不敢放屁了。

台中市特派員王錚領導有方，同事們工作士氣高昂。S高升台北採訪中心主任，兩年後回任省政特派員，為統攬省政及市政指揮權，後來竟向報老闆抹黑王錚，導致王錚一九九〇年黯然離職。

S更會拍馬逢迎，回任省政特派員多年，退休後又掛名顧問，繼續撰稿及幫老闆處理私務。他是報社唯一領到退休金的員工，報老闆不敢得罪他，金額雖打一點折扣，還需互相利用。

我很多年幾乎不曾再想到過S，老同事餐敘更從未有人邀請他。可能生前賺很多錢，但穿著樸素，表面上省吃儉用，看不出藏有一手。也可能經常穿梭權貴與金錢之間，自己樂在其中，不管他人瓦上霜，難怪被同事遺忘。

03 老胡的快門世界

大師有上百種，包括宗教、繪畫、文學、音樂、體育、魔術、科學、技藝、電腦、網路等，只要確實高人一等，可能就有此封號。

全世界有那麼多大師，除了能穿越中國長城厚牆，並將紐約自由女神像變不見的David Copperfield，我比較熟悉的就只有攝影記者胡偉明。

老胡年長我三歲，台語講得很道地，有南部腔，看不出父母是外省人。一九八五年他進入新聞圈，在高雄《民眾》和《台時》磨練後，被派往台北幾年，經歷各種政治、社會運動大場面，工作很有衝勁。

他調來台中是一九九一年，我們開始有第一類接觸，他作品很有神，迥異其他報社記者的匠氣味。後來，陳婉真成立「台灣建國運動組織」與警方對峙期間，老胡所拍照片風格獨特，最具震撼力，讓我更加佩服。

老胡來台中人生地不熟，有幾位自認大牌攝影記者刻意排擠，他不以為意，每天的表現凌駕眾人，常打得《中時》、《聯合》記者唉唉叫。

除了對攝影美學有其見解，老胡也會幫人看面相和手相，偶而還聊及親眼目睹的神秘宗教異象，女同事則認為他是怪人，腦筋似乎有問題。老胡則說對「命理學」真的有研究，早年也曾在高雄街頭擺攤幫人看相。

國代選舉期間，賄選傳聞不斷，台中地檢署特別成立查賄小組，強調查察決心。我則對檢察官呂太郎很好奇，他甫接辦前一年的台中縣長廖了以選舉賄選案，甚至大動作搜查國民黨縣黨部，屬於司法界改革派，名聲響亮。

我和老胡某日前往地檢署，準備像狗仔隊一樣追蹤呂太郎，報導查賄小組最新動態。剛好在檢察官辦公室門外碰到呂，他卻很低調，表明不便接受採訪。

老胡頻頻對著呂太郎按快門，他很客氣說要尊重肖像權，萬一被涉案人登門騷擾，恐有安全顧慮。老胡聞言也立即收起相機，一起跟呂聊了數分鐘，話別後，我們心裡很爽，覺得自己好像也是行俠仗義之士。

某位具特異功能的先生，約五十歲，暫居劉庭祥經營的「觀天下」藝廊，部分政壇人士常前往請益。老胡與其熟識，兩人經常暢談，功力似乎旗鼓相當。我並不很信這一套，但這位先生某晚請我寫一個字，測我的工作近況，斷我即將會「動」，事後讓我嘖嘖稱奇。

不久後我調往彰化縣，較少機會和老胡碰面，也忘了何時開始叫老胡「大師」？偶而他來支援新聞攝影，彰化同仁都隨我以大師稱呼。

老胡後來調回高雄幾年，又被《自由時報》挖角派來台中市，也負責省議會總質詢期間的攝影，都有非常傑出表現。如果當天沒重大新聞，老胡偶而拍攝一般市民的生活即景，也曾刊登一隻小鳥在屋簷的特寫照片。相對其他大報攝影記者，則刊出小刑案的歹徒排排照，境界高下立判。

陳婉真強烈反抗國民黨政權（胡偉明/攝影）

04 —— 難忘的報社美人

瑞玲是天生美人胚子，瓜子臉，眉清目秀，性情溫柔，一九八六年起在報社擔任會計。台中市特派員王錚率先稱她「美人」，因為每天讓記者們如沐春風，美人也成了她的綽號。

《台灣時報》報份扶搖直上，台中廣告業務開始翻兩番，為此請來一位外省老芋仔處理業務。專科畢業的美人則應徵會計，同時幫忙當總機或接訂單，忙得不亦樂乎。後來她白天上班，晚上唸大學夜間部，和我們一群年輕記者相處愉快。

對於記者們的政治狂熱及支持黨外，身為外省女孩的美人很好奇，也試著去了解。我和她經常只是打個招呼或閒聊一下，偶而一起與大家去啤酒屋聚聚。

包括我在內，同事間有四位男記者未婚，後來我才知道大雄、大張和小張，都曾認真追過美人，競爭激烈，最後卻全部陣亡，沒有一個成功。

在王世勛鼓勵下，不曾跑過新聞的美人，一九八九年曾短暫進入《首都早報》，負責採訪南投縣。畢竟沒經驗，又要每天搭客運遠赴南投，來回奔波，根本跑不出好新聞，沒多久就決定辭職。倒是那段採訪期間，無緣的大張和小張在南投幫她很多忙。

那麼美、那麼善良、又那麼好的女孩，怎麼沒有男朋友呢？大雄、大張和小張為何紛紛挫敗？我實在不便問三人慘痛經驗，當然也不好意思問美人。難道她比較欣賞我，我卻從未開口嗎？哈哈！

多年後，王世勛曾問：「為何沒加入追求美人行列？」我則開玩笑說：「我是準擂台主，要等他們三人先競爭完畢，脫穎而出者，再找我挑戰！」自始至終我和美人認識五年，交情不錯，但沒有私下約過她。

一九九〇年底我和 Lisa 準備結婚，由於美人也離開報社另尋工作，少有機會碰面。一兩年後，王錚來電說：「美人即將結婚了，對象是一位從未謀面的國外筆友。」

原來，美人將嫁在美國的中國留學生，彼此寄過照片，經過長時間通信有了感情。她也大膽接受邀約，勇敢前往美國結婚。

美人出國前，我特別打了一通電話，約在中區府後街的飲料店碰面。很久沒看到她了，她的微笑還是那麼溫柔。我沒帶禮物送她，聊一些朋友近況，也問赴美準備情形，最後祝她幸福美滿。

經過數十年，不知她近況如何？美人應該還是美人！生活好嗎？有幾個孩子？是留在美國或隨夫婿回中國呢？近年曾回台灣嗎？

外省女孩選擇嫁給台灣男孩，在當年朋友圈很少見，會是大雄、大張和小張未贏得芳心的原因嗎？這也是我很好奇的問題。

05

記者的油水

一般常認為新聞界有很多油水，也確實有惡名昭彰打著記者名號專門揩油者。難怪許多政府單位主管、企業界和教育界人士，聽到某些記者要來，都避之唯恐不及，背後罵聲不斷。

台灣省政府各廳處開記者會都準備小禮物，例如皮製公事包、領帶、皮夾或其他，還加發車馬費。省政記者圈丐幫不少，到處趕場領錢，官員也不敢得罪。

我一九八五年歲末採訪某廳處記者會，第一次領到內裝八百元郵局匯票的公文信封，官員禮貌說明是車馬費。看其他記者都老神在在，顯然收了多年視為理所當然，我也收下。後來又參加兩次在新聞處的記者會，也領了兩份車馬費。

邱創煥當省主席，歲末記者會是請記者團聚餐敘，每人還送一瓶頂級洋酒，價格應有一兩千元。我想，各廳處送記者車馬費也是做公關，拜託隔天能見報，有業績向長官交代。省主席有權有錢，天天登上新聞版面，當然不用再發車馬費。

我調職台中縣後，發現許多記者都兼差，有保險公司業務主管、土地代書、賣茶葉、議長顧問，還有跑單幫做生意者，真正專職記者不多。與我同年的警政記者小白，坦白透露他進新聞界的初衷，就是能開一家賭博性電動玩具店，有了記者身分保障，警察不會來抄台取締。

擔任記者公會總幹事的小楊，有一天說他受人之託，約記者去採訪一場新車發表會。我們有六人隨他去捧場，各領了一個大牛皮紙袋，內裝豐富新聞資料，還有二千元紅包。

也看到國內三家電視台記者趕來，每組兩人，各領牛皮紙袋後匆匆拍攝一下，就說要趕往市區採訪另外活動。小楊說：「這是台北、台中企業界開記者會慣例，不用客氣！電視台記者紅包則是三千元。」我才知這叫油水！難怪很多人每天要趕好幾場企業界記者會，資料袋裡可能都有油水呢！

我將收了二千元紅包之事，隔天告訴一位縣長秘書，他笑了笑並透露：「每次拜託電視台記者來採訪縣長，也一樣要包三千元，報社記者則沒有。」

端午節前夕，台中縣丐幫領導之一H，交給我二千元紅包，說是建管課長送的，並強調大家都有。我在縣府一樓走廊拿到紅包時，望向建管課辦公室窗戶，剛好看到課長遠遠跟我揮手示意。

回到市區，向主管報告建管課長送紅包之事，他說：「沒有關係，就當作福利！」或許因為小報薪水少，逢年過節有人主動送禮，沒必要刻意拒絕，視為記者福利之一。

為了幾次收紅包，我內心還是掙扎不已，某日特別找有如兄長的王世勛深談，他在新聞界十年以上經歷，被評價為台中市府會記者操守最好者。他說：「我一樣收過紅包，只要不是主動向人家要錢，逢年過節的禮收下來沒關係！」

我將政治人物送的洋酒、禮券、禮物，漸漸視為人情世故應酬，當然也僅少數政治人物會送禮，彼此還是要有一些交情。

離開新聞界後，我很幸運沒有成為被人背後臭罵的記者。不過，依高標準來看，記者收禮、收紅包就是不當。每件收過的洋酒及禮券縱使已喝光或用光，仍是自己一道無法抹滅的疤痕。

06 民主先行者陳博文

第一次知道陳博文，是一九七九年地下報紙《潮流》被查扣事件，他被警總以叛亂罪嫌移送軍法處。前《中國時報》記者陳婉真剛好人在美國，為此於國民黨政府駐紐約辦事處前靜坐絕食抗議十幾天後，陳博文與印刷廠老闆才被釋放。

該年十二月發生美麗島事件，除了黃信介、施明德、林義雄、姚嘉文、陳菊等八人被軍事法庭以叛亂罪審判，另有三十七人以司法偵辦，陳博文也是其中之一，判刑四年。

陳博文四十多歲，住台中，是病理檢驗所負責人，他先前義務擔任《潮流》攝影記者，也是《美麗島》雜誌社務委員，毫無政治知名度。

民進黨台中市黨部一九八七年九月成立，陳博文當選第一屆主委。由於好友陳清泉兼任市黨部執行長，我偶而前往聊天，終於有機會認識陳博文，覺得他是一個謙虛、正直又熱情的人。

民進黨草創階段，國民黨媒體全面封殺，台中市在陳博文領導下，因應幾場重要選戰，獲得不少人肯定，並被表揚為全國模範黨部。

我偶而支援台中市新聞，加上大型活動都在市區舉辦，晚間常自行到現場觀察，與陳博文偶有互動，彼此漸熟識起來。

後來得知他十九歲時，就因政治案件被關七年，獄中認識許多年長的政治犯，大部分是知識分子。與眾人相處後，他更深刻體會自由與民主理想，並發誓出獄要努力完成眾人之志。

我多次看到陳太太在民進黨活動現場當義工，陳博文被關那幾年，太太獨力支撐家計，照顧四個女兒生活，非常堅強。

由「新台灣研究文教基金會」策劃執行，「時報文化出版社」一九九九年出版《珍藏美麗島：台灣民主歷程真記錄》，分為四大冊共六十萬字，並附五百多張珍貴歷史照片。

這套書很多照片都是陳博文拍攝，在國民黨高壓統治時，從一九七七年中壢事件開始，隔年增額中央民代選舉、橋頭事件示威遊行、《美麗島》雜誌社會議等，他都背著相機拍下珍貴鏡頭。

卸任市黨部主委多年，陳博文還是默默在幕後當義工，從未和人搶位子，也未參選過公職。《珍藏美麗島》出版後，我曾在某場合巧遇，對他無私奉獻表示敬佩。淡泊名利的他，很清楚知道自己追求的理想，對台灣政治也有更高期待。

淡泊名利的陳博文（林佩昭/攝影）

07 後備軍人輔導中心變賭場

在菜鳥記者期間，我曾跟同事去見識過隱密式賭場，幾年後，第一次發現賭場竟也設在團管區「後備軍人輔導中心」，真是大開眼界。

台中市剛開始流行「百家樂」電動玩具賭場時，我認識的幾位記者就是常客。某日深夜，跟著兩個老鳥G和D去現場參觀，這場子比較洋派，有漂亮小姐接待，還供應餐點飲料。G已離婚，除了記者工作，還兼任特種行業顧問。D也是公子哥兒型，懂得怎麼找外快，因此都玩得起百家樂。

後來，我曾隨另一老鳥L去麻將賭場找他朋友，那場子隱密在巷內，我沒有跟著進場。但從窗外隱約看到室內有三桌，至少十多人正廝殺中，很熱鬧。地方有力人士要開賭場、地下舞廳、酒店及應召站，都得和警方打通關節，某些記者就當媒介，L、G和D似乎分別和場內的人很熟，顯然有特殊關係。

一九九二年初春，我調往彰化縣，原本每天騎機車或搭火車往返，後來靠家人資助買了二手轎車。為了熟悉新環境，開始有計畫的拜訪每一鄉鎮。過去在台中縣「管轄」二十一鄉鎮市，如今來到有二十六鄉鎮市，人口一百三十萬的大縣，除了拜碼頭，也有「巡視」疆域味道。

花了幾個月時間，對地方政情稍有了解，也陸續認識許多新朋友。某天上午開車抵達線西鄉，這是以農漁牧為主的純樸小地方，人口僅一萬六千人，比彰化市延平里還多一點點而已。

把車停放在鄉公所前，用散步心情在行政區和學校附近繞繞。面對鄉公所，右邊緊鄰的是鄉民代表會，左邊是後備軍人輔導中心，彼此辦公室走道互通。走馬看花一下，結果發現輔導中心大廳內，有近二十人圍著會議桌，似乎在賭博的樣子。

再往前透過窗戶一探，哇！真的是在賭博，會議桌兩旁賭徒一個個心浮氣燥，手中抓的是一把把鈔票，氣氛熱烈。我看不懂他們怎麼賭法？加上自己是陌生人，不便湊到桌邊參一腳，卻可見鄉公所的人進進出出。

離開現場後，到相隔一百公尺的報社辦事處拜訪，很好奇的問：「輔導中心似乎有人在賭博？」對方已見怪不怪表示：「天天都是這樣！」

小時候就玩過撲克牌，輸贏幾元，出社會後和記者同業打麻將，最高紀錄輸過一萬多元，也看過真正賭場是什麼樣子。但見識一群人在公眾場所，而且是後備軍人輔導中心聚賭，肆無忌憚，確實是頭一遭。

可能我沒見過如此場面，認為這是新聞，回到辦公室發出數百字文稿。隔天見報立即有了效果，線西辦事處上午先來電說有困擾，且被輔導中心退報，下月起不再訂《台灣時報》了。

當天傍晚我在位於卦山路的辦公室寫稿，又來了一通電話找我。對方自稱輔導中心秘書，語帶威脅說：「你沒看過賭場嗎？」類似這種恐嚇電話，我以前在台中接過數次，沒什麼了不起。我不客氣回說：「我自己常打麻將，常賭博，也看過賭場，但不曾看過有人在後備軍人輔導中心開場。」

這傢伙劈哩啪啦又說什麼，我已忘了，總而言之就是「看著辦」。掛上電話，我立即聯絡員林鎮後備軍人輔導中心秘書王坤盛，將接到恐嚇電話的來龍去脈告訴他。

我初識王坤盛不久，他說：「今天一大早，團管區司令看到線西鄉輔導中心聚賭的報導，非常重視，已派員調查。」並表示將儘速報告司令，轉達對方恐嚇記者之事。

王坤盛是外省人，大我幾歲，從軍中退役不久，台語講得一把罩。他從事徵信業，剛接員林輔導中心秘書職務，活動力強，我也請他向司令致意。

隔日，包括團管區司令指示查辦消息，我繼續寫新聞，第一天原本僅用「線西訊」，沒掛上記者名字，第二天和第三天都用本名報導。不過只在空中開戰而已，當然不敢一個人又到線西挑釁。

經過連續三天報導，存在多時的後備軍人賭場中心，似乎轉移陣地到別處。後來聽說輔導中心主任和秘書被團管區處分，都換人了。

線西鄉公所、鄉民代表會、農會和後備軍人輔導中心，長年被地方派系政客壟斷，天高皇帝遠，自成王國。在輔導中心開賭場，對他們可能司空見慣，沒想到有人竟大驚小怪。

過了兩個月，舊地重遊，在鄉公所附近繞了幾圈，偏僻鄉間沒人認識我。被我砲轟的輔導中心主任和秘書，長的是圓是扁？我也不知道。

如果早知道對方青面獠牙、刺龍刺虎，會不會和當地記者一樣敬而遠之，新聞連碰都不敢碰？或者年輕的我就是有膽子觸虎鬚？說起來，鄉下地方其實也沒什麼虎鬚可言，不過江湖人的叢林遊戲規則，也實非我能理解。

王坤盛後來成為全國知名「抓鬼達人」，二〇〇〇年總統大選，為國民黨候選人連戰買票的樁腳沿街發放賄款，被他在員林人贓俱獲。該案最後創下二百一十三人被判刑的司法紀錄，還牽涉到國民黨縣黨部多名幹部及員林鎮長，副縣長張朝權也逃亡海外成為通緝犯。

08 血色蝙蝠降臨鹿港

國家文藝獎得主宋澤萊一九九六年出版長篇小說《血色蝙蝠降臨的城市》，取材自台灣社會最為人詬病的黑金政治問題，由於宋澤萊就住在鹿港，我始終覺得這本小說是以活生生的粘仲仁為模子在寫。

「台灣選舉熱潮與黑金政治下，一個黑社會青年的興衰起滅，一個夢幻感與真實感交相滲透的魔幻時空，既像武俠又像靈異，既像偵探又像寫實，既像神話又像哲學。」

粘仲仁出身緊鄰鹿港的福興鄉，在江湖赫赫有名，因與縣長阮剛猛私交甚篤，當選副議長後被視為阮的「護法」。因治平專案被捕，棄保潛逃中國，二〇〇一年為躲避公安追捕而車禍死亡。

研究宋澤萊小說的陳建忠教授指出，「小說中的政治現實，其實都不難自真實世界中找到對應。宋澤萊長期接觸宗教的經驗，在此也產生影響，他或者在小說中以天啟，來暗喻罪惡人間的滅亡，或者以魔鬼、蝙蝠、妖魔的意象，來代換黑道政治人物。」

「在形式上，由於宗教世界中的人物，多半擁有異於常人的能力，飛天遁地的可能，使得宋澤萊的小說也充滿許多靈異、超寫實的描寫，令人印象深刻。」

彰化縣地方派系一九九四年為拉下令人生厭的副議長涂銓重，推出甫登上政壇的粘仲仁出馬，涂知難而退，卻也讓第十三屆議會抹上黑影。粘很少在議會出現，主要忙他的事業。那一兩年我偶而處理的府會新聞，讓縣長阮剛猛很不愉快，但並無任何壓力，粘應該也不認識我。

倒是其他報社府會記者私下表示感受壓力，並耳聞粘仲仁對部分記者報導縣府新聞有意見。有一天，《中時》記者林志雄在議會大門口碰到粘，他以台語問候：「最近吃有飽沒？」嚇得小林兩腿發麻，連續幾天心情沉重。據小林表示，可能是那幾天他剛好寫了縣府負面新聞，粘因此關心一下。

雖然只是小小關心，卻也驚動所有記者，那陣子大家寫稿都很低調。倒是我仍憨憨的，沒有和粘真正較勁過，不知他的厲害。

事後聽最年輕的縣議員小許透露，粘仲仁確實對小林的報導有意見，甚至有一晚喝很多酒，激動地要隨行貼身的中國殺手，去開槍把小林幹掉。是他當場數度向粘求情，強調小林與他親如兄弟，粘才作罷。

據報導，粘仲仁被列為「治平專案」對象所涉及四件刑案，主要是一九九六年為了濁水溪砂石場利益，率眾槍擊砂石場怪手司機致死，該案被台東法院判處有期徒刑二十年，粘上訴花蓮高分院。

另三件刑案則是收容中國偷渡客充當其保鑣及殺人，以及導因於砂石場利益的恐嚇案及恐嚇取財案，三件案經法院判決應合併執行二年十一個月徒刑。

粘仲仁在殺死怪手司機案上訴高分院審理時，即藉體重驟降及腎臟宿疾，先至花蓮醫院戒護就醫，再以二百萬元保外就醫，隨後棄保潛逃中國未歸。

幸運的是粘只在政壇囂張一兩年，不過所殘留遺毒永遠無法滌清。始作俑者包括阮大人與地方派系大老，均難辭其咎。只是他們在乎嗎？阮大人後來還被連戰、馬英九重用而一路發。

09 為新聞賣命的廖志坤

廖志坤去世近三十年了，一九九六年他開車前往苗栗縣南庄採訪新聞途中，被砂石車撞落山谷，送醫急救不治，得年三十歲。

我擔任彰化縣採訪召集人第一年，國立藝專畢業的廖志坤來《台灣時報》任職。剛開始請他先跑鹿港、溪湖區，訓練成熟後負責幅員最廣的北斗、二林區。工作量加重且路途更遠，他則任勞任怨，視為一種磨練。加上年輕有活力，文筆好，具攝影技巧，待人處事有禮，很有人緣。

家住高雄的志坤小我八歲，在工作經驗及人生歷練上，我是「善待問者」，他是「善問者」，我們有如兄弟無話不談。想當年初出茅廬的我，也是經常請教台中市特派員王錚，不論我問什麼，他都毫無保留。廖志坤很像當年的我，頗有知己之感。

截稿後我們常留在辦公室閒聊，也談工作、人生、愛情、理想、政治。他有青梅竹馬女友，偶而假日北上約會，女友也多次來彰化，感情濃厚。他借住鹿港姨丈家，因父親去世，母親只有他一個孩子，期許頗深。

廖志坤外表斯文，戴著深度近視眼鏡，個性溫和，教養好，不曾口出惡言，新聞處理也不像我那麼尖銳。我曾建議：「當記者有時候要生氣，路見不平拔刀相助，也是一種生氣。」他微笑地說是。

跑了近兩年新聞，廖志坤已是《台時》大將之一，某天傍晚從北斗回到彰化辦公室，臉上掛彩，襯衫也被撕破。我很驚訝問怎麼了？他心情平靜說：「下午在民眾服務站和主任打了一架。」

原來他寫了一則有關國民黨的新聞見報，中午用餐後循往例繞往北斗民眾服務站。未料剛進辦公室就被國民黨主任碎碎唸，認為是負面新聞，他當然不爽，兩人因而抬槓，不多久更激烈扭打起來。

國民黨主任人高馬大，他也不遑多讓，雙方均掛彩，就結果論，廖志坤稍贏。

聽完他的陳述，我一則擔心他受傷，一則以喜，喜的是他生氣了。不再是文質彬彬白面書生，而是會憤怒幹架的記者，勇敢且成熟了。

一九九四年他有機會跳槽《聯合報》，我雖不捨，仍鼓勵他前往。他到苗栗縣任職，負責鄉鎮是講客家話的頭份、南庄和三灣，工作表現優異，並獲頒該報「模範記者」表揚。

他休假時偶而回彰化找朋友，也說《聯合》苗栗縣特派員何來美治軍嚴格，每位記者都戰戰兢兢，與我領導方式完全不同風格。他更多次描述南庄之美，一再邀請大家前往一遊。

隔年冬天，我開車載妻和女兒到頭份找他，一起喝泡沫紅茶聊天。他說明年三十歲將與女友結婚了，我也預祝百年好合。

一九九六年六月十三日下午，進辦公室不久，同事顏幸如說：「剛在廣播聽到志坤車禍消息，似乎不樂觀，可能晚報會有新聞。」我嚇了一跳，心情沉重，走出戶外望著遠處的八卦山樹林，祈禱能有好轉消息。傍晚時候，《聯合晚報》送抵辦公室，說志坤已走了。

他是從頭份前往南庄採訪新聞，上午九點三十分行經頭南公路獅頭山麓途中，被迎面而來的砂石車撞及，汽車翻落山谷後渾身骨折重傷身亡，我看著晚報不禁熱淚盈眶。

告別式在頭份舉行，場面隆重。多位彰化同事及好友都前往參加公祭。我沒有送到山上，靈車即將出發，輕撫他的棺木心中喃喃自語：「如果你仍留在彰化，會有不同命運嗎？」

苗栗縣記者幫他編了一本紀念文集，包括親戚、同事、新聞同業、照相館和牛肉麵店老闆以及其他好友，每個人都撰文紀念。

我事先也被邀稿並準時傳真給編者，內容敘述廖志坤在彰化縣的故事，熱情、認真與人緣備受肯定，也約略提到和國民黨主任打了一架，顯露他率真性情，但文集出版卻獨漏這一篇。

或許每個人都說：「中港溪是志坤生命中的最愛！」也包括地方人士對他的疼惜與肯定。我卻強調他與彰化縣及濁水溪的感情，比較上很突兀，編者可能只好割捨，事後對我抱歉說「稿子遺失」吧！

過了幾天，我在彰化「關懷電台」主持新聞節目，特別製作紀念專題，邀請幾位記者事先錄音，談他們所認識的廖志坤。顏幸如說：「或許，志坤是上帝派來的天使，當任務完成後，又要回到天國了！」讓我稍微釋懷。

一個小時節目，我也唸出未登載的文稿，同時播放莫札特《安魂曲》，一樂章又一樂章，有時當談話背景音樂，直到尾聲。

廖志坤去世後，骨灰置放在獅頭山納骨塔，連續幾年的六月中旬，我都想約同事去看他，但一直未克成行。每年過了七月，想到又是一年未前往，常耿耿於懷。

二〇〇二年夏天我待業在家，某天心血來潮，一個人開車從高速公路下頭份交流道後，順著南庄方向路標走。沿途山路蜿蜒，兩旁林木鬱鬱青青，我無心欣賞美麗風景，只想這是廖志坤車禍前最後一幕幕情景。

只記得紀念文集有他生前拍攝的一幅納骨塔遠景照片，但究竟是山上哪間寺廟？行前匆匆沒有先找出文集，也來不及問以前同事，只好一直往最高處走。

我上次來獅頭山是一九六六年唸國小時，還記得要爬一階階登山步道，兩旁則是一間間簡陋商家，其餘則毫無印象，如今卻不自覺的開車抵達最高點的寺廟停車場。

由於非假日遊客稀落，下車走走逛逛，發現這寺廟有一座七層納骨塔，不確定廖志坤是否就在這裡？已六年前了，對告別式當天看到的文集照片也沒印象，但彷彿心有靈犀的在塔前靜坐許久。然後繼續前往南庄街上散步，到小吃店叫一碗麵，傍晚趕回台中。

回到家立即翻箱倒櫃找出紀念文集，確定照片是腹地最廣闊、視野最美的「勸化堂」納骨塔。當年堂哥帶我和二姊來獅頭山，就是爬了數百階才登上勸化堂，也是香火最鼎盛的寺廟。

難道廖志坤冥冥中給了我指標？距上回來獅頭山相隔三十六年了，再次登山竟毫無任何困難就找到他。數年後，我又一次到勸化堂，拜託管理員打開納骨塔小門，上樓到靈位前，望著他一張年輕時照片，回想當年雄姿英發。

10 建立社頭灘頭堡

彰化縣有一個台語地名俗語：「社頭蕭（瘋）一半，鹿港施（死）了了」，形容同姓氏為主的村落，非常生動貼切。我到社頭鄉第一位認識的朋友就是姓蕭，驗證這俗語果然不見虛傳。

從台中調彰化，大致熟悉環境後，開始安排下鄉之旅，也拜訪各地辦事處主任，包括久聞其名的芬園張崑、鹿港林董、北斗顏仔和社頭蕭仔等人。

雖沒見過蕭仔，但先前就接過他多通來電，希望加強當地新聞，彼此曾交換意見。另外則從側面獲悉他對政治很狂熱，在鄉下辦報的理念是希望推展民主運動，他更只賣《台時》和《自立晚報》，與對手《中時》、《聯合》有明顯區隔。

初次拜訪蕭仔，中午讓他作東，立即感受他的誠懇與熱情。他長得高高瘦瘦，皮膚很黑，比我年長數歲，一看就是個樸實鄉下人，學歷不高但對政治強烈關心，亟盼改革社會不公不義。

由於他認真推廣報份，《台時》成為社頭三大報之一，我為鼓勵他，也再三拜託員林記者周為政多寫當地消息，偶而還刊在地方版頭條，讓他非常振奮。

透過蕭仔，我也認識甫參選國代失利的陳聰結，他曾任社頭國中老師，長期投入民主運動，已落選過一兩次，是地方知名草根人士。

蕭仔和陳聰結交情深厚，可見他在每次選戰的全心投入，每天早晚也利用發送報紙機會，深入各村基層扎根。

社頭、二水與田中同屬田中警分局轄區，由於我大學時代參加社會服務隊，寒暑假多次到溪洲鄉大同農場辦活動，每次搭乘火車都從二水車站進出，對當地有點感情。也因此，有幾次到社頭拜訪蕭仔，會順道再往二水走走，偶而則去問候辦事處主任。

二水辦事處主任是完全不同典型的派報老闆，沒有蕭仔的使命感，報紙份數不多。我發現《台時》僅是二水辦事處眾多報紙之一，利潤也不高，當然不會全力推廣，這也顯現蕭仔在社頭的可愛之處。

經過蕭仔和許多支持者的努力，一九九四年陳聰結終於當選縣議員，民進黨在該選區首度開花結果。然而認真問政與辛勤服務，基層風評頗佳，陳聰結尋求連任之際，卻不敵兩個姓蕭的國民黨金牛刻意封殺。

各鄉鎮辦事處主任中，蕭仔是極少數敢公開表示政治立場的人，不為名也不為利，只是單純追求其政治理想。他不是個滔滔不絕者，其實有點木訥，默默用實際行動，將支持民主、制衡、進步的信念傳送給鄉民。

11 芬園報王張崑

一九八九年彰化縣長選戰，國民黨候選人施松輝因前往芬園派出所關切取締聚賭案，引起軒然大波。經過媒體連番大幅報導，推波助瀾，民進黨候選人周清玉趁機追擊，國民黨意外陰溝裡翻船，也讓窮鄉僻壤一夕全國知名。

在中部報業界，芬園張崑可說無人不知、無人不曉，在地方上更是一號人物，南北各路人馬到了芬園，一定都要跟他拜碼頭。

《台灣時報》開始在中部風光起，彰化縣報份就有三萬，芬園鄉佔有率更高達九成，《中時》和《聯合》用盡各種手段，始終都攻不進去。張崑連續多年穩居全國鄉鎮佔有率龍頭寶座，備受報老闆禮遇。

我到《首都早報》任職初期，台中特派員王世勛為將報份觸角推到草屯、員林和芬園，專程下鄉找張崑幫忙。他仗義相助的條件，當然是王世勛被灌醉躺著回來，事後聽說兩人拚酒過程，我也因此聞其大名。

周清玉險勝，跌破政壇眾人眼鏡，選情逆轉關鍵就是《台時》獨家揭露「芬園事件」。原來該案發生後，當地民眾議論紛紛，多數彰化記者則被黨政方面安撫打點，加上兩造有江湖背景，無人敢報導。未料隔數日，《台時》報導引起全國關注，台北各大媒體紛紛跟進。

張崑就是揭竿起義的主角，他在芬園經營報紙發行業務，眼見此地方大案竟被搓圓仔湯，毫無社會正義可言。他一怒之下，電話聯繫員林記者周為政前來支援，並向高雄總社強烈反映，揚言隔日若不登出，將拒絕再送報，統統退回去。由於該則新聞未具名報導，張崑因此飽受各方壓力，但毫不畏懼。

我後來到《台時》擔任彰化縣主管，第一站就是前往芬園拜碼頭。第一次見面，孔武有力的張崑豪爽又熱情接待我，短時間即成了好友，我都用台語稱他「崑兄」。

交情熱絡後，我當然是希望了解芬園事件真相，張崑從頭說起，他對前彰化主管洪大哥很不諒解，竟然來電指責他和周為政，說兩人未經知會就亂發稿。張崑馬上又打電話給總經理楊昆南抗議，隔天洪大哥就被報社炒魷魚了。

聽張崑娓娓道來，覺得他真是個漢子，有正義感，不怕惡勢力，和我真合得來。他也說和南北各路都有交情，我採訪新聞若逢任何威脅，絕對當我靠山，要人有人，要傢伙有傢伙。

之後芬園鄉大大小小的事，張崑都會找我，包括地方拜拜、農會選舉、新校長報到、好人好事等，我都請記者前往採訪，並請編輯儘可能予以刊出。若有遠方好友到他家，他一通電話來，我也一樣趕往捧場，趁此認識其朋友。

每逢地方節慶或荔枝、楊桃、鳳梨盛產期，張崑也熱情邀請各報記者前往採食。中午在當地餐廳席開數桌，吃鳳梨苦瓜雞、白斬土雞、野菜、炒麵等，當然更要喝酒。

我和張崑家人、親戚以及許多朋友，漸漸也熟起來了。得知他有眾多親兄弟，小時候開始一起練武術，他身強體壯，更被選入海軍陸戰隊蛙人部隊。有一天休假日，在彰化火車站街頭遇到幾個小混混挑釁，他空手力戰五人，打得對方抱頭鼠竄。

退伍後他在草屯開計程車，草屯當年特種營業興盛，因接近省政府所在地，官員商人應酬繁多，生意特別好，他和業者有一些交情，也因此認識更多人馬。

後來他回芬園開始辦報，一步一腳印，加上待人誠懇，工作勤奮，短時間即贏得多數訂戶。連一位眼盲老人都是忠實客戶，每天要等張崑送報到家，口述幾則重要新聞才放他走。

《自由時報》開始抽獎黃金衝報份後，《中時》和《聯合》也急起猛追，辦事處有各種促銷福利，只有《台時》老闆老神在在，以不變應萬變，什麼都輸人。不過張崑還是很有道義，一切是以《台時》優先，在利潤考量下，勉強開放三成給《聯合》，後來又給《自由》幾成，我也很能諒解。

《聯合》中部服務中心為爭取支持，行銷專員及記者三兩天就到芬園拜訪，運用人情攻勢。張崑有任何大小需要，年輕的中部服務中心周主任馬上服務到家。

某天清晨，張崑兒子送報途中車禍，被大卡車撞到昏迷不醒，周主任獲悉後立即全員備戰，協助安排最好的榮總醫師救治。住院期間，甚至台北發行部主管也趕來探望，令張崑非常感動。

另一年，張崑兒子生病緊急送醫，我趕到醫院時，周主任和幾個專員早在現場待命。他們都協助安排妥當了，不用張崑掛心，讓我相當佩服，也和大家成為好友。每次地方拜拜，《聯合》全體專員們到張崑家暢飲，都邀我同坐一桌。

對於政治與選舉，張崑對地方兩派都不得罪，都是他的客戶，希望記者採訪就事論事，不要求偏袒那一方。他不喜歡國民黨，認為這個政黨貪污腐敗，國民黨綽號「番薯仔」的陳某競選省議員或立委，他卻出錢出力幫忙拉票，因是他的拜把兄弟。二〇〇〇年總統大選，他則全力挺綠，希望台灣政治更清明。

我在彰化縣十年，有幾次因報導新聞而被恐嚇，張崑獲悉後都在第一時間來電關心，強調當我的靠山。我也因有他力挺，不懼任何小角色。還好！倒沒碰過真正大卡司，需要他出面擺平。

二〇〇〇年七月我遞辭呈離開彰化後，芬園鄉報份以《自由》為大宗，《聯合》居次，《台時》已遠遠落後。張崑也升級當好幾個孫的阿公，酒量稍退步，待人還是一樣熱情，做事業有衝勁，穩坐一代芬園報王寶座。

春節到芬園向張崑拜年（林佩昭/攝影）

12 警總吃銅吃鐵官司

台灣警備總部一九五八年成立，一九九二年八月裁撤，真正成為過去式。我和警總的一段情，往事只能回味，也不在意了。沒想到百足之蟲，死而不僵，到彰化縣任職期間，和「故」警總竟又折騰一段時間。

我工作很低調，主要是把同事照顧好，三年來人際關係建立不錯，日子也過得愉快。某天中午應邀參加一場有十幾桌的筵席，上菜前，看到某人大搖大擺進來，很威風樣子，大家也對他畢恭畢敬。我問友人那是誰？他說是新任總工會總幹事。

同桌一位在國民黨縣黨部任職的朋友說：「新任總幹事以前是警總彰化組組長，副組長最近也剛接任商業會總幹事。」我大吃一驚，戒嚴時代警總地方頭頭，解嚴後，從箝制者角色搖身一變，成了工人、商人的保母了。

總工會一位資深職員就坐在我旁邊，則憤憤不平，他對警總人員一退休就當總工會高幹，很不以為然。那位黨工也用台語低聲對我說了一句：「戒嚴時期，警總人員可說是吃銅吃鐵。」

太好的新聞了，得來全不費工夫！我了解兩位總幹事背景及現況後，回辦公室立刻揮筆即就，報導這則「前警總彰化組組長、副組長，分別接任彰化縣總工會、商業會總幹事」新聞。

文稿內容除了報導來龍去脈，第三段開頭還引用一句「據指出，戒嚴時期，警總人員可說是吃銅吃鐵。」編輯和我心有靈犀，隔天這則新聞放在中部焦點版。

見報一兩個星期後，高雄編輯部傳來消息，報社被告了，當然被告也包括我。總工會總幹事以這句「吃銅吃鐵」，向彰化地檢署提出妨礙名譽告訴。地方新聞中心主任K很緊張，為避免報老闆和總編輯得出庭，要我想辦法擺平此案。

我在台中縣有前車之鑑，曾報導幾則地方版頭題的政治新聞，得罪了縣長、議長、立委和議員，他們聯手告到法院、中華民國新聞評議委員會。報社主管為擺平官司，竟和對方妥協，我也被調離原地。

這次在彰化再度被告，報社主管重蹈覆轍，還想要我跟對方謝罪道歉了事。他媽的！這是不可能的，我已不是四年前沒社會歷練的我，絕對豁出去幹了。

當然我還是先禮後兵，透過芬園張崑找總工會理事長協助溝通，請總幹事能否撤回告訴？不要麻煩報老闆和總編輯，讓我為難。對方則堅持告到底，理事長也表示愛莫能助。

地檢署第一次開庭，報老闆和總編輯未到場，檢察官徐錫祥問「吃銅吃鐵」是什麼意思？我半開玩笑亂蓋一通，還說「吃銅吃鐵」是指警總很厲害，戒嚴時期專抓小偷、強盜、老師、學生和政治異議者。

這件事在彰化新聞界轟動一時，部分政商界也有耳聞，大家都在看劇情發展，對我竟敢挑戰警總地方頭頭，私下都很佩服吧！

地檢署第二次開庭前，關過政治黑牢的兩位立委姚嘉文、謝聰敏，均表示願為我出庭，作證戒嚴時期確實有警總人員「吃銅吃鐵」事例。

在台北的台語文作家陳明仁相識多年，提供一篇〈吃銅吃鐵〉說文解字文章，強調這四個字也有「好」的解釋。也坐過黑牢的劉峰松，則在《自立晚報》發表文章，以這起「吃銅吃鐵」新聞被告為題，從文化版聲援。

不過徐檢察官還是起訴了，認定有妨害名譽罪嫌。一位跑地檢署的資深記者透露，總工會總幹事先前即放話，若不起訴本案，他將拿著大字報到地檢署大門口，公開指檢察官「吃銅吃鐵」，看徐某敢不敢怎樣？徐某只好起訴交代了事。

年輕律師汪紹銘在我們認識不久獲悉此事，主動幫我撰寫訴狀答辯。甚至在法院開庭後，對方要求賠償名譽損失一億元，汪律師也陪我戰到底，讓我非常感謝。

報老闆和總編輯連續幾次都不願出庭，總幹事要求法官一定要兩人下次出面。他以為可以用我的上司壓我，以為我是省油的燈。既然我學布袋戲主角史豔文，先「避他、忍他、讓他、容他、不管他、不理他」，他仍氣焰囂張，那我也宣布單獨開戰了。

地下電台在那幾年如雨後春筍興起，台中、彰化有好幾台。我也在「中台灣」廣播電台義務主持《早安新聞》節目，每週一到五早上七點至八點播出，包括魏貽君和劉桂蘭有五個記者輪流各主持一天。

抓住此機會，我在節目插播一兩次說明案情發展，更公開徵求一百個戒嚴時期警總人員「吃銅吃鐵」故事，凡錄取者贈送《台灣時報》三個月。

我也上「大彰化之聲」電台宣傳，當時我宛如是個名嘴，講得口沫橫飛，太精采，也太好笑了。電台經理張麗英特別製作一段有配樂的徵求故事廣告，在「大彰化之聲」和「中台灣」電台不斷放送。我要讓中部四縣市民眾，甚至讓全國軍民同胞們都來一起笑，那警總地方頭頭實在太蠢了。

不止如此，成立不久的台灣新聞記者協會每月發行通訊，更報導了這起事件。我猜「故」警總高層早就皮皮挫了，擔心事態不可收拾。我還揚言在即將展開的總統民選活動，也將巡迴各縣市到國民黨李登輝場子登台說明。

如果李登輝場子登不上，以我近十年在新聞界資歷，與民進黨也有一定交情，絕對有信心借用彭明敏演講台，在正式活動前先讓我暖身，看看是我還是警總厲害？

坦白說，官司纏身半年以上，跟無意義的人玩無意義的事，愈來愈覺得浪費生命。我有壓力，這壓力竟來自編輯部主管，不但不支持我，還一再擔心報老闆不悅，要我想辦法化解。

但我相信，剛走入歷史的警總高層，還有很多人躲在改制的海岸巡防司令部裡面，壓力比我更大。我到底會怎麼玩？老軍頭怎麼可能知道！因此事實上，總幹事可能也像夾心餅乾，不知如何收尾？

這齣戲投資上億，劇力萬鈞，高潮迭起，已演一百八十集以上，收視率迭迭上升。沒想到最後卻草草下檔，一夜之間，警總地方頭頭竟提出和解，撤回告訴了。為我的官司也很煩惱的 Lisa，對那人竟撤回告訴很火大，她認為要戰就戰到底，哪有在最後一役主戰場逃跑？她要求我叫對方回來再戰，我也無可奈何。

從大學時代到出社會，和警總牽拖十多年，實在也累了，很討厭。但想想自己也實在算好命；畢竟，戒嚴時代被警總沾上邊的人，小則關到綠島監獄幾年，大則關十五年、二十年、無期徒刑或槍斃。

想到多少被關、被槍斃的人，當年面臨警總糾纏時，是怎麼看待自己生命？我可以用好玩心情回顧與警總嘍囉交手心得，他們換回的是支離破碎人生或妻離子散命運？

此刻，想到眷村隔壁家的警總中將女婿，還有以前煩我的警總嘍囉、做線民賺油水的記者同事，以及最後和我打官司的警總組長，大部分俱往矣，有的都上天堂或下地獄了，我則認真留下這段紀錄做見證。

13 報老闆的乾兒子

《台灣時報》曾風光一時，後來江河日下，竟要記者不擇手段招攬廣告。甚至還眼見報老闆的乾兒子號稱「宣導報社政策」，下鄉巡迴吃香喝辣，寡不知恥。

黨外運動風起雲湧，民進黨接著成立，加上大家樂賭博盛行，帶動《台時》全盛時期，每日發行量達四十萬份，直逼《中時》、《聯合》，根本不把《自由》、《民眾》、《自立》看在眼裡。

我剛到彰化縣任職，縣內報份與影響力不輸《中時》、《聯合》。但報老闆沒有遠見，也久不加薪，編輯部高層又內鬥，人才漸漸流失。《自由》以黃金、豪宅抽獎活動促銷，高薪招兵買馬，充實新聞版面，吸引不少新訂戶，等《台時》高層清醒過來，已時不我予。

報老闆乾兒子T約四十五歲，中等身材，微胖，唇上蓄一撇鬍鬚，父親曾任高階警官，與報老闆有交情。高雄同事透露說，他很早就認報老闆為乾爹，隨後在警政圈打出名號，一則有乾爹當靠山，二則背後有人脈，同仁均不敢得罪。

我在《台時》任職多年，三進兩出，每年參加各縣市採訪主管會議，報老闆都一再表示他最堅持的就是記者風骨，對於《民眾日報》要求記者拉廣告的做法相當不齒。

然而，報社連續三年嚴重虧損不堪負荷，報老闆不得不拜託大家幫忙，但很客氣指出：「如剛好有機會，也請每位記者能招攬廣告，共體時艱。」多數縣市主管還是當耳邊風，我回到彰化也沒轉達給同事們，年度廣告業績掛零也不在意。

一九九九年某日接到編輯部長官來電說，社方將有新指示，並指派專案負責人T巡迴各縣市指導。過了幾天，我接到T電話，約定來彰化會議時間及地點。他表示將於前一晚抵達，而且他與彰化縣警察局謝孟能局長熟識多年，將特別宴請局長，請我代為邀約。

T來彰化的前一天又來電，指定將在鹿港知名海產店餐敘，並強調由他作東，盼我也邀縣內有影響力的其他媒體主管作陪。由於晚餐適逢各媒體最忙碌時，加上從彰化市區去鹿港也要十公里，很難拜託其他同業作陪，我僅邀鹿港記者聯誼會會長林文雄、總幹事黃新東及兩位同事捧場。

餐敘當晚，我提早一小時到場，發現T沒訂桌，而且餐廳有婚宴已滿檔，很難空出包廂。T在約定時間的前十幾分鐘，才匆匆和他的同伴趕到，獲悉沒包廂很不高興。警察局長、局長秘書、鹿港分局長也都準時來了，餐廳老闆見狀，趕緊請婚宴主人禮讓一個包廂，將來賓改移往大廳擠一下。

上了桌，T說他曾來過這家海產店，對幾道名菜非常懷念。由於事先強調他將作東，因此也由他點菜叫酒，菜色豐盛，可說賓主盡歡。

待杯盤狼藉，餐敘接近尾聲，做主人的T應準備敬酒「門前清」了，他卻毫無動靜，一副事不關己的樣子。我實在看不下去，悄悄先到櫃檯買單，付了五千多元。我想等局長和其他客人離去後，再將收據給T。

付完錢回到包廂，聽到謝局長很客氣表示餐敘由警局買單，並請一旁的秘書處理，T認為理所當然的樣子，一句話也沒吭。我立即跳出說：「不不不！今晚是

《台灣時報》作東，先前邀請局長時已再三強調，餐費剛已付清了，謝謝局長的賞光。」

餐後，鹿港分局長又邀大家前往附近民宅品茶，氣氛愉快。時間已近十點，眾人互道再見，我開車正準備上高速公路前，卻接到T的同伴打手機來，說T請我聯繫局長秘書問：「安排他倆住哪一家大飯店？」

在車上接到這通來電，我連連回說「是！是！」掛上後，罵了幾聲三字經，將手機丟到車後座，以時速一百二十公里殺回台中。T原本說將和報社另一主管來彰化會議，卻帶了這猥瑣傢伙，名片是某法律顧問事務所主任，一看就是司法黃牛樣子，真是踩到狗屎。

第二天上午會議，彰化縣同仁均出席，T以指導員姿態蒞臨，表示他已擬定新聞搭配廣告計畫，並獲得報老闆同意，每則新聞都可賣錢，請同仁共襄盛舉。

他舉例指出，某牛肉麵店生意不錯，只要事先談妥，記者前往採訪見報，收五百或一千元廣告費也可，對報社營業不無小補。此違背新聞倫理做法，聽得同仁們面面相覷，我則一句話都沒說，想到他前一晚的卑劣作風，夫復何言？

T回高雄後，隔日傍晚我一進辦公室，接到編輯部一通急促電話，要求我即日起每天中午要回報當天工作狀況。「怎麼回事？憑什麼要我每天回報？」對方一問三不知，只說：「代誌大條，高層剛剛交代的。」

看看時間，等到地方新聞中心主任C開完編輯會議，換我打電話向她質問：「為什麼要我每天回報？」她表示：「T向董事長指名道姓說彰化縣都不配合，董事長很生氣，當場要求總編輯處理所致。」

我一了解原委，非常火大，沒想到沒揭發T惡行惡狀，竟先找報老闆告狀。我乃將那天餐敘來龍去脈，原封不動說清楚，並強調有兩位彰化同仁願作證。

聽完我的報告，C鬆了一口氣，私下透露T有諸多惡劣情事，因是報老闆乾兒子，她也不便得罪。C請我寫書面報告，卻又表示這份報告不會往上呈送。非常可笑！「那要我寫報告做什麼？」我才懶得動筆。

我強烈反擊行為，消息也立即傳遍編輯部，當晚就有一位資深編輯來電為我喝采。還需要每天中午回報嗎？哈！誰還理它！報老闆這個狗屁政策，隔日起也不了了之。

14 當惡老闆遇上記協

一九九九年二月底，《台灣時報》違反勞工調職五原則及相關法令，無預警先後發布三波調職命令，要求十九位記者於五日內到遠地報到。

報社藉口「為強化台中縣、台中市、雲林縣、嘉義縣市、高雄市、屏東縣新聞，希望先調用花蓮、基隆、桃竹苗、彰化等地記者。」多數記者調動距離達上百公里，不可能每天通勤，例如一位年資二十年的花蓮記者被調台中，兩位彰化記者被調屏東。

報老闆九年前就搞過如此把戲，惡意逼走四位資深記者，此次再度以「假調動、真裁員」手段，不想支付一毛錢資遣費。

我剛好擔任台灣新聞記者協會（第四屆）會長，第一時間發現有異，與幹部們聯繫討論，並徵詢部分被惡意調動的記者後，立即發表聲明抨擊《台時》違反《勞基法》，將請記協法律顧問協助爭取應有權益。

前一年三月我接任會長之後，有兩件事讓記協聲名大噪，一是以台灣之名（Association of Taiwan Journalists）加入國際記者聯盟（International Federation of Journalists），這是全世界最大的專業記者組織，總部位於比利時，有一百多個國家約六十萬名會員。

其次是記協主辦台北市長參選人電視辯論會，民進黨陳水扁尋求連任，另兩位是國民黨馬英九、新黨王建煊，公共電視台負責現場轉播，其他電視台同步播出，其中一場辯論會是前會長蘇正平主持。

會長任期一屆一年，也是苦差事，我即將卸任。《中國時報》跑立法院的記者張瑞昌原擬接棒，卻因工作勞累過度，在醫院休養而婉辭。部分幹部認為一年來會務蒸蒸日上，鼓勵我繼續服務，我有點掙扎。

記協發布聲明的新聞稿，全台灣沒一家媒體刊登，但《台時》高層已有壓力，原訂第四波調動暫緩。隔數日，副社長蔡某約見，財務部經理陪同說明近年虧損狀況，請我體諒此次人事作業。兼任總編輯的蔡某更表示，他和高雄同事都沒聽過記協，請我辭去會長職務，並支持社方。

我低調點頭表示了解，搭火車回家路上已有所決定。記協三月下旬召開會員大會，我當選連任會長，除協助《台時》記者成立自救會，記協發行的《目擊者》雜誌總編輯邱奕嵩持續關心訴訟動態。

高雄勞工法庭開庭時，我以彰化縣召集人身分證稱：「在發布調動命令前，記者自己不知道，我擔任主管也不知道；社方就調動人員及地點，更未曾徵詢我意見或記者意向。」已離職的副總編輯黃森松，也出庭作證聲援記者。

二〇〇〇年三月卸任會長，五月得知記者一審勝訴，我決定 fire 惡老闆王玉發。自己十五年來「三進三出」已留下精采回憶，沒有遺憾，可以走了。

記協法律顧問劉志鵬、黃馨慧律師持續義務協助記者，社方二審也敗訴，上訴到最高法院。最高法院第一次發回更審，二〇〇四年七月言詞辯論終結，高等法院高雄分院勞工法庭再度判決社方敗訴。

該案經過六年落幕後，部分老同事在台北相聚，都已不在新聞界了。大家感謝記協與兩位律師相挺，有人也為堅持一場對抗惡老闆戰役，流下感動眼淚。

15 新聞界摯友陳清泉

陳清泉是我一生友情最深的兄弟，也是在新聞界最好的同事。

一九八五年到位於台中市西區的《台灣時報》採訪組報到，省政特派員S不在辦公室，台中市林特派員與我交談後，搖頭嘆息，勸說此非久留之地。

採訪省議會新聞的阿泉傍晚回來，獲悉我是新同事，趕緊坐下發出新聞稿，並邀《台灣日報》記者張坤皇一起為我迎新。

我們在路邊攤晚餐，聊天得知阿泉與我同年，坤皇則小兩歲，都是台東人，台北建中及東海大學畢業，三人暢談甚歡，頗志同道合。

阿泉負責省議會，我則跑省政府新聞，但我對各廳處根本不了解，每天搭乘客運車往返中興新村，完全跑不出所以然。

適逢市長選戰剛落幕，王世勛獲黨外陣營支持參選下屆市議員，阿泉邀我助陣。他與多數省政記者交情不錯，常帶我認識新朋友。

為因應一九八六年立委、國代選舉，黨外選舉後援會在台北成立，省議員游錫堃擔任召集人，特別情商阿泉辭去記者職務，北上接任後援會執行秘書。

前一年才意外喪妻，遺有一子嗷嗷待哺的阿泉，思考再三，毅然決定拔刀相助。將幼兒交給台東老母照顧，一人到台北上班，雖工作繁忙，卻滿懷理想幹勁十足。

黨外秘密成立「組黨工作小組」，阿泉兼任執行祕書。戒嚴時期組黨是被國民黨政府視為大逆不道，甚至將判刑入獄，年紀最輕的他淡然視之，認為自己最小咖，大不了關三、五年就可出來。

歷經多次秘密會議後，在圓山大飯店召開大會，各縣市立委、國代候選人都出席，會中宣布成立民主進步黨，讓國民黨政府措手不及，卻也不敢再像美麗島事件抓人。

律師江鵬堅當選第一屆黨主席，大學教授黃爾璇擔任秘書長。由於中央黨部人手很少，阿泉的工作很雜，辦公室什麼都包，宛如秘書室主任，也兼文宣部任務。

北上近一年，阿泉選擇回省議會當記者，民進黨台中市黨部一九八七年九月成立，主委陳博文力邀阿泉接任執行長，但因在《台時》薪水還可養家，只答應兼任。半年後他排除異議，推薦副執行長陳彥斌接棒，自己仍參與文宣與活動策劃。

很幸運的是，他在台北認識一位好友的妹妹，交往兩年後在台中結婚，幸福美滿迄今。

阿泉成長故事與人生歷練非常精采，曾任省議會記者聯誼會會長，一九八九年立委選舉被徵召返鄉，挑戰國民黨立法院黨鞭饒穎奇，雖敗猶榮。

「四百年來第一戰，要將台灣變青天」，一九九四年民進黨提名陳定南參選省長，阿泉再次被徵召回台東，搭擋參選省議員，雖然功敗垂成，但已逐步開拓不少票源。

凍省之後，阿泉轉換跑道，接任《台時》台中縣召集人，後來被《自由時報》挖角擔任台中市特派員。由於文筆佳、人緣好、人脈廣，非常有發揮空間。游錫堃後來接任行政院長，再度邀請阿泉北上參與機要，之後則轉任總統府職務。

三十多年來，我已成為阿泉三個子女眼中的「阿財叔叔」，多次到他位於卑南鄉偏僻老家，也與他的弟弟、妹妹、阿姨與國小同學熟識。

二〇一四年台中市長選戰投票前夕，負責林佳龍文宣重任的阿泉突然中風倒地，在榮總加護病房昏迷三十三天，經多位醫師一再搶救才挽回生命。

他清醒後非常堅強，面對新的挑戰，有基督教信仰，更遵從醫師指導認真復健，身體狀況越來越好，如今改用左手寫起毛筆字，已揮灑自如。近年來，他在老家農地努力耕作，希望為台東水果尋找好的出路，許多老友經常鼓勵他，對阿泉的毅力和勇氣更充滿信心。

阿泉（右）持續在台東農耕並復健（林佩昭/攝影）

16

推廣台灣新文學

前衛出版社一九八二年成立，我因常買書送朋友當禮物，和社長林文欽成了好友，也因共同關心台灣文學，促成我多年後積極參與推廣工作。

前衛的書最具本土特色與台灣精神，早期包括宋澤萊、林雙不、陳冠學等人作品，均令人愛不釋手；另出版一些書籍挑戰政治禁忌，也充滿人文精神與社會關懷。

我服役期間開始買前衛書籍，若有朋友結婚，甚至不送禮金，改劃撥一千元書籍當禮物。此舉相當另類，就不知新郎、新娘收到後是什麼心情了？

剛出社會工作，存款還沒幾毛錢，有一回又接到大學學弟喜帖，正擔心怎麼應急？腦筋一轉，想到自己是前衛忠實讀者，有姓名地址和編號，乃冒昧寫信說明原委。

我請前衛先寄書並特別包裝，待領到薪水再儘速劃撥金額。沒想到果然先幫我處理，林社長還回一封長信表示感謝，並熱情邀我到台北上班。

進新聞界隔年，豐原老利約多位好友到武陵農場，林社長與家人也前來。他和老利認識多年了，我則主動向前自我介紹，這是我們第一次見面。林社長和宋澤萊、王世勛、林雙不、老利、吳晟、高天生，除了共同創辦《台灣新文化》雜誌，在《台灣文藝》雜誌編務及經營後繼乏人之際，他更勇敢接棒承擔。

前衛後來蓬勃發展，書籍屢獲大獎，財務卻仍困窘。一無所有的我僅能遠遠關心，有兩次大型群眾活動，林社長來台中擺攤促銷，我也稍盡薄力宣傳。

台中政壇耆老何春木一九九七年創辦「春泉文教基金會」，總幹事人選是義女婿張坤皇（後改名張耀中），但他工作太忙碌，極力推薦當記者的我兼任。基金會未來重點是什麼？要辦什麼活動？何老和董事們都沒意見，表示只要遵照宗旨，完全授權總幹事發揮。

董事之一的王世勛當選省議員不久，將選舉結餘款捐出創辦《台灣新文學》雜誌，宋澤萊擔任總編輯。我思考後，建議基金會主軸為推廣台灣文學，如果基礎奠定，更期許做台灣文學界強力後盾。

第一年即以《台灣新文學》雜誌為軸心，策劃三天兩夜「台灣新文學」夏令營，講師以本土派作家為主，同時協辦《台灣新文學》小說新人獎，到各中學辦理台灣文學講座。

第二年除了董事會建議的清寒學生獎學金和音樂會、環保之旅、捐贈國小圖書館藏書，更為兩位《台灣新文學》封面畫家出版《周孟德畫冊》和《陳來興繪畫與文字世界》，也持續辦理一年一度文學夏令營、文學講座、小說新人獎。

一九九八年起，基金會與台中有線電視公司合作，導演曾麗壎兼策劃，陸續製作二十多位作家節目，每集三十分鐘，包括陳千武、詹冰、錦連、李喬、林亨泰、白萩、吳晟、宋澤萊、岩上、利格拉樂阿嬀、陳玉峰、陳明台、馮青、陳月霞、陳明仁、謝里法、潘榮禮、林武憲、瓦歷斯諾幹、康原、洪中周、楊翠、路寒袖、林沈默、王世勛等人。另外製作十多位民俗技藝大師節目，內容有北管林水金、草編阿嬤柯莊屘、錫藝陳萬能、木雕施鎮洋、竹編李榮烈、布袋戲陳烽煙、硯雕董坐等人。

有線電視剛起飛階段，台灣很少電視台製作本土文學作家節目，春泉文教基金會可說開風氣之先。連續兩年在台中市播出，頗受好評，全套製成錄影帶後，也分送各大學及縣市文化中心圖書館。我更主動與彰化、南投等地有線電視台聯繫，安排在「公益頻道」播映，也是一種文化推廣。

二〇〇三年，基金會與前衛出版社進一步合作，將過去拍攝的《人文台灣》作家與民俗技藝大師節目，還有導演黃明川拍攝的《台灣文學家紀事》影片（賴和、楊逵、東方白、林雙不），製作ＤＶＤ推廣上市，並贈送給各中小學圖書館。雖然台灣文學作品市場性極低，但為本土作家及民俗技藝大師保存珍貴影像，讓更多人有機會收藏。

華視「教育文化頻道」二〇〇六年連續一個半月，每週一至五晚上播映《人文台灣》節目，雖然該頻道並不熱門，至少全國各地都有人看到。我也將全套ＤＶＤ送給「新唐人」電視台，後製之後向全世界華人放送。

與前衛結緣多年，讓我有機會為推廣台灣文學幫一點忙。春泉因經費拮据，業務一度陷於停頓（二〇〇七年改名何春木文教基金會），如今重新推出過去製作的文學節目在 YouTube 公播，彷彿有了新活水，偶而也讓我樂在其中。

文學營學員舉辦晚會後分組合影（何敏誠/照片提供）

17

省議會耆老訪談

台灣省諮議會二〇〇一年起進行史料彙編及口述歷史訪談計畫，以完整建立省參議會、臨時省議會和省議會時期的民主議政史料，我適巧有機會受邀共同參與，負責訪談吳復生、王國秀、何春木、林佾廷和蔡讚雄。

雖然曾任職新聞界多年，要撰寫每位耆老數萬字以上的口述歷史，對我而言還是頭一遭，每次訪談前都戰戰兢兢，先認真做筆記資料，深入了解受訪者背景，並設計訪談大綱。

吳復生於中日戰爭投筆從戎，一九四九年來台，曾創辦報社並擔任主筆。進入省議會服務後，高考及格，歷任股長、專員、專門委員等職，主任秘書任內榮退。

雖然年紀已八十多歲，身體狀況不佳，記憶力仍非常好。我對外省人濃厚鄉音頗熟悉，感覺很親切，因此能和他自在交談。

他擔任農林委員會專門委員期間，跟著省議員上山下海，走遍各地，主導撰寫造林調查、林業政策研究、石門水庫洩洪調查等報告，都有深入見地，獲得議員和省府官員讚賞，回顧起來頗引以為榮。

歷屆省主席和省議會議長風格不一，吳復生長期在秘書處任職，有獨到的觀察與評語。他也因偶而與同仁私下批評時政，竟被情治單位調查，讓他困擾了一陣子，所幸最後沒事。參照他年輕時擬參選台北市議員，以及後來爭取提名參選監察委員過程，書空咄咄，都可看出性情耿介的一面。

由於本身學識淵博，文筆又好，吳復生對每次訪談都非常重視，完成訪談錄音並整理文字紀錄後，他一定要求再三審閱，並親自增減或修改。他不希望回憶錄得罪任何人，也因此最後完稿前，整整刪除兩萬字未發表，相當可惜。

原本我只負責吳復生一人，完稿後又被交付訪談王國秀任務，因只剩兩個月截稿時間，加上王女士還在美國，只好先從圖書館挖出早年選舉新聞，了解歷屆參選情況、選舉政見與問政質詢。幸運的是竟從勤益技術學院校史室，找到秘書整理的剪報資料。

王女士年輕時也投入對日抗戰工作，一九四九年來台，先在婦聯會和中國青年反共救國團任職，後來到學校服務，並擔任救國團高雄縣副支隊長，協助縣長推動青年運動工作。

由於獲軍方支持，有高雄縣眷村鐵票為後盾，她當選第一屆至第四屆省議員，問政溫和，服務認真，地方風評佳。她熱愛教育，省議員卸任後，和夫婿張明在台中縣創辦學校，辦學績優。正值校務欣欣向榮之時，卻以年事已高，恐有礙學校長程發展，又無條件捐獻給國家。

在我先行整理訪談架構後，王女士和九十六歲的夫婿回到台灣，我們立即緊鑼密鼓進行作業，每週一或兩次訪談。王女士待人誠懇，熱情洋溢又精神抖擻，可以看出她得以連任多屆原因，她也非常健談，訪談工作因此順利如期完成。

我比較好奇高雄縣有一席婦女保障名額，她和對手余陳月瑛激烈競爭，軍方如何動員輔選？余陳女士代表黨外，她則代表國民黨軍方，兩人旗鼓相當，而且兩度交手。不過這場精采對戰，王女士談得不多，也相當保留，只有讚美對方之詞。

省諮議會第一年進行口述歷史訪談計畫，共有二十位受訪，吳復生和王國秀是極少數的外省籍，都由我負責訪談。剛好我因老爸是「台灣人老芋仔」，對眷村與外省人稍有了解，能體會兩人政治觀點與心境，話題談得開，也算是意外巧合與安排。

二〇〇四年的計畫是訪談何春木，何先生曾任台中市議員、省議員、總統府國策顧問。他二十九歲開始參與黨外運動，從市議員、市長到省議員選舉，幾乎無役不與，屢敗屢戰，總共參與十三次選舉，七次當選、六次落選，其中四次參選市長失利，堅持黨外立場與國民黨競爭。

不過何先生也八十多歲了，身體雖仍硬朗，精神不錯，但記憶力退化，許多事件印象均已模糊，甚且完全不記得，訪談起來非常困難。幸好《自由時報》台中記者林良哲有先見之明，一九九八年即認真陸續訪談何先生多次，除了錄音書面紀錄，並蒐集許多珍貴資料。

我和林良哲有交情，將困難告知後，他很豪爽同意提供第一手資料，也因此在建構何先生生涯與從政經驗訪談，彌補不少可能疏漏之處。

何先生公子何敏誠也扮演重要角色，他從十幾歲就跟著投入選戰，尤其父親擔任十二年省議員期間，更貼身參與重要決策，親眼目睹許多關鍵時刻。數次訪談中，他穿針引線協助何先生回顧重要人事，也重建當年場景。

尤清一九八一年首度當選監察委員，獲得五張黨外省議員鐵票，其中一票即何先生支持。在投票前，何先生也面臨極大利誘，甚至有人已將一千萬元鈔票載送到家門附近，還是被嚴辭拒絕。

何先生對這件大事印象已模糊，還好有兒子協助敘述前因後果，甚至康寧祥率黨外人士在家開會、每個人座位與神情、門外送賄者嘴臉等，都形容的非常生動。

何先生也參與一九七九年橋頭事件，當天就是由何敏誠開車載他去高雄，在橋頭鄉街上遊行，最後走到余登發的家中，大家雖然害怕，但卻堅持走下去。之後余登發被關在監獄裡面，黨外陣營還為他辦一場慶生晚會，由何先生送「人權萬歲」匾額，請余陳月瑛代表接受。

一九八六年民主進步黨成立，何先生是重要成員之一，後來黃信介擔任黨主席，他是第三、四屆中央評議委員會主委。

在接連訪談過三位八十多歲耆老後，二〇〇五年終於有機會換訪談比較「年輕」的林佾廷。在我就讀高中時代，就曾聽說省議會有一個綽號「頑皮豹」，常不按牌理出牌，令國民黨頭痛，讓我非常好奇。

七十歲出頭的林先生是政治世家出身，父親林為恭曾任兩屆苗栗縣長，被稱「客家三俠」之一。他自己則曾任第五、六、七、八、九屆省議員、台灣省政府委員、財團法人為恭紀念醫院董事長。

林先生個性豪爽又健談，在第一次訪談時，他即強調沒有不可談的問題，也將毫無保留暢所欲言。由於他熱情好客，加上與省諮議會邱組長、蕭組長是多年老友，每次訪談好像聚會閒話家常，也最順利。

三十八歲時，林先生首度當選省議員，由於有地方派系支持，可說一帆風順。但他不願意做國民黨乖乖牌，具有年輕人特色，與其他議員首創議會次級團體後，逐漸建立自己風格。

國民黨會封殺比較不聽話的人，當時他們常聚會，國民黨下令要求解散。林先生說：「我們是志同道合，又不是組黨，關你屁事！國民黨最怕我們結社，一黨專政就是會變成這樣。黨部原本要禁止，後來不了了之，我們還是照做我們的。」

在該屆國民黨省議員中，林先生和許信良、邱連輝、藍榮祥比較敢講話，第六屆省議員選舉前，省黨部認為這四個人不值得再提名，並評估許信良是靠國民黨才能當選，藍榮祥和邱連輝深具基層實力，而他是因為父親的餘蔭還在。南北四個人最後有兩個提名，兩個不提名，沒想到這四人全都選上了。

林先生曾質詢省主席林洋港，嚴厲批判政府單位貪污問題，指出當時政治綱紀敗壞，貪污方式包括回扣、佣金、議價、工程和紅包盛行等。他認為政策的錯誤，比貪污問題更可怕！不過，「適度的貪污，可以促進經濟的進步！」這怎麼解釋呢？他也有一番有趣見解。

當年省議員堪稱地方之霸，比立法委員還有知名度與影響力，但最終目標還是希望當選一縣之長。這也是林先生自己頗大遺憾，卻也懂得自我調侃，戲稱「命最好者，還是當縣長兒子或父親。」

在地方派系經營與選舉方面，林先生很坦然指出，苗栗縣劉派和黃派經過近六十年的演變，兩方基本教義派都凋零了，老的老，年輕人根本不甩。派系的頭頭都死掉了，像他這樣老的也都淡出政壇，將來應該會走向政黨政治才是正軌。

苗栗縣因賄選橫行，何智輝當選縣長後，有一段期間被稱為「買票縣」或「華隆縣」，林先生做為派系領導人，而且近幾屆縣長都是黃派栽培出來的，他很遺憾地承認這項諷刺。

他批起何智輝則毫不客氣，坦言：「為了當縣長，花了十幾億元，這筆錢要撈回來，就是把農林公司的土地變更成工業區，沒想到踢到鐵板，到現在被起訴十八年。目前華隆公司倒了，整個在苗栗縣幾乎變成泡沫了，這類就是大家說的黑金！」

何智輝第一次違紀競選當選，但後來爭取連任時，國民黨讓他恢復黨籍，還予以提名，林先生原本反對，後來是被國民黨逼的。林先生說：「國民黨就是這點糟糕，沒有種！開除黨籍就永遠開除，還有機會讓他進來？沒意思！不像民進黨，不對就是不對，走了就算了。」

林先生原本不願意當何智輝助選員，不幸他表弟吳伯雄時任國民黨秘書長，吳伯雄來找他說「為了黨國」，一定要當何智輝競選總部主任委員。後來他是掛名主任委員，但實際上沒有參與。他說再講這個就很難聽了，很丟臉！提名何智輝是縣黨部還是中央的運作？他不知道，他退出就不管事了。

聽林先生大談地方派系與選舉恩怨情仇，非常過癮，但我對他身為派系領導人還是直追問：「國民黨候選人在整個賄選買票過程，從上到下是如何運作？」不過，還是被他賣了關子，說他歷次選舉從未買過票，因此也不了解，我只好哈哈大笑。

最後一位訪談對象，基隆選出的省議員蔡讚雄，則是一個選舉怪才。初生之犢不畏虎，二十七歲起擔任國民黨基層黨工，到未獲黨提名而當選第四屆省議員，後來未獲黨提名又當選第一屆增額立委，堪稱在夾縫中脫穎而出的特例。

蔡先生在大學時代就是「忠黨愛國」青年，從他積極參與黨務，在成功嶺暑訓更發起「效忠領袖」運動可以看出。有趣的是沒有派系背景，也無財團靠山，竟能多次衝出派系重圍，令人不得不佩服他的勇氣與毅力。

在立委任內，蔡先生最讓人印象深刻的是跪在核二廠大門「反核」事件，媒體褒貶不一，透過這次訪談，他用最完整方式陳述當年下跪過程與心境。另外，「恭請蔣經國總統連任」事件也讓他一炮而紅，顯然他相當懂得媒體口味與造勢手法，對此也津津樂道。

何春木（前排左二）與一九八五年當選的黨外省議員（何敏誠/照片提供）

第四章

01 —— 田尾鄉的民主發動機

從黨外時代就成為田尾鄉「發動機」的林見安、林洪玉秋，是地方最有名的夫妻檔，幾乎歷屆選舉每次都能影響數百戶選票，成為國民黨眼中釘。

林見安一九四六年出生，世居南曾村，婚後經營瓦斯行，那一年剛好二十五歲。後來累積客戶達數百戶之多，每月要運送二十多噸瓦斯到家家戶戶，也因此和每戶都熟。

林見安自認學識不高，但天生就有一股正義感，一九七〇年代初期，同鄉結拜小弟李正坤唸淡江大學，在台北有機會聽立委黃信介演講，放假常帶一兩本黨外雜誌回來分享傳閱，並提供一些政治訊息，讓每次選舉跟著地方派系走的他視野漸開。

美麗島事件後，受難者家屬代夫出征，林見安呼朋引伴，南北各地趕場聽演講。許榮淑參選立委來到北斗鎮舉辦政見會，選監小組和情治單位以錄影機監控，林見安和多數民眾一樣都不敢靠近場中，只能站在遠遠角落偷偷錄音，然後帶回村內播放給好友們聽。

有一次，夫妻共乘機車趕往中興新村聽講也捐錢，晚上剛回到田尾，管區警察竟然就到家裡查訪了。原來每位騎機車前往聽講者，早就被抓耙仔登記車號，並交辦各派出所建冊立案列管。

林洪玉秋回憶說，林見安某日剛好送貨外出，警察竟然到家裡搜查黨外雜誌，派出所外省人主管還大發雷霆，用濃重口音指責林見安：「竟將派出所桌子搬出大門還翻箱倒櫃，要把他抓去釘十字架！」

林見安回到家得知狀況，他根本不曾動過派出所桌子啊！後來才了解那位主管意思，是罵他反國民黨，經常唱反調，已被警方定位是「黨外同情者」。他認為自己站得正，反對一黨專政，反對政府貪污腐敗，希望國家更好而已，完全不怕任何恐嚇威脅。

每次選舉他邊送瓦斯、邊發傳單，妻子有空時也幫忙分發，或者換她去演講會錄音。星期日休假不送貨，夫妻則常到鄰近的社頭鄉「清水岩」健走，上山也能認識更多人，並宣揚民主理念。

支持國民黨的鄉公所某主管一度威脅說：「若再參與黨外，將發動全村都不訂你的瓦斯！」林見安也不在意，此事後來不了了之，他依然堅持理念。

民進黨成立前後的街頭運動，田尾鄉需要動員北上參加抗爭，只要「瓦斯」號令一喊，每次都至少能發動兩三輛遊覽車人數。

由於戒嚴時代仍有政治禁忌，林見安和一群理念相近者以宗教名義成立「關聖帝君兄弟會」，成員有二十七位，每月定期聚會討論時事，選舉時則成為助選主力，包括邱勝添、陳其勝、李金池、謝招江、邱柏森等人，大家都還不到四十歲。

一位夥伴任職彰化縣稅捐處，某日竟被稅捐處「人二室」約談。他勇敢當場拍桌子發飆，強調自己又沒犯法，人二室主任也不敢再多說什麼。

邱勝添屬於農會派，曾任村長和鄉民代表，他與陳其勝是最早和林見安並肩作戰，在田尾為黨外運動開拓票源的人。

李金池是計程車司機，常接送林洪玉秋到彰化市拿文宣品回來發放，也曾接送到演講會場錄音，非常熱心。謝招江務農種花，曾任翁金珠服務處主任，幫忙插旗、動員、拉票，信念堅定。

姚嘉文、許榮淑、周清玉、翁金珠或謝聰敏每次來到田尾，都會專程到林見安家拜訪。周清玉當選縣長後，有一次在田尾舉辦座談會，地點就選在林家，室內外都坐滿人，場面熱烈。

一九九五年立委選舉，前一屆支持姚嘉文的林見安，決定和同鄉李碧芬分工合作，請他負責姚嘉文後援會，自己則輔選謝聰敏。未料開票結果，姚竟然高票落選，讓林見安很不好意思。

陳水扁首度當選總統，林見安是田尾鄉後援會會長，世居南曾村的國民黨老將劉淑芳（曾任縣議員、鄉長），每次選戰最頭痛的一號人物就是林見安，曾跟縣長阮剛猛抱怨說：「都是瓦斯在搗蛋！」阮剛猛深入基層，也知道「瓦斯」的真名，可見國民黨之痛。

每支瓦斯桶重量廿三公斤，加上灌入的瓦斯二十公斤，合計四十三公斤。林見安從年輕開始每天運送瓦斯，扛上扛下非常辛苦。早期是騎機車載送，後來才改開貨車，如果生意太忙，妻子和兒子也都要協助送貨。

林洪玉秋最懷念的是黨外時代萬人空巷的演講場面，大家爭先恐後往台上捐款丟錢。另外則是許多鄉親聚集在林家，一起聆聽精采錄音帶，是民主運動最經典畫面之一。

02　俠義商人王昭武

彰化縣一九九〇年代僅少數企業老闆敢公開對抗國民黨，王昭武是其中之一，也因非常熟稔地方派系運作，更加堅定他長期支持民進黨決心，數十年如一日。

王昭武一九四四年於田尾鄉出生，後來就讀彰化商職，出社會迄今，就一直定居彰化市。年輕時他在工廠上班，很關心黨外運動，選舉時曾小額捐款。

他因好友引薦也開始結識許多國民黨政治人物，甚至參與地方派系運作，這些朋友有人擔任縣議員、議長，也有後來當選省議員。

國民黨穩穩掌控各工商團體與一般社團，包括各鄉鎮大小社團，每次會議都有黨工列席「指導」，也有線民滲透在各社團、工廠、市場內。

以某屆縣市長選舉為例，一般民眾對大官貪污腐敗最反感，國民黨文宣刻意混淆視聽說：「任何人都會歪哥，會做事比較重要！」這句耳語傳遍大街小巷，而且還能打動人心，就是眾多抓耙仔認真宣傳成果。

王昭武指出，歷次選舉，國民黨候選人沒有一個沒買票，他除了明白這些人賄選做法，也徹底看穿政治醜陋面。高層黨工甚至刻意製造兩派紛爭，從協助一方串聯、布局、引發競爭，最後則出面搓圓仔湯，再從中取利。

一九八二年縣議會副議長陳紹輝積極爭取下屆議長寶座，面臨另一位五連霸議員許維昌挑戰。雙方各使出渾身解數，甚至上演「擄人」及「短期失蹤」戲碼。白派的許維昌原本估計自己會多一票險勝，未料投票前夕，因紅派突然加碼押注，他反而少一票而落選。

這場天昏地暗的議長選戰，一方投入約四千萬元，另一方也花了二千萬元，實際上是兩敗俱傷，各自財務從此都一敗塗地。

參與派系運作並了解黑暗內幕的王昭武，也從此看破國民黨，決定斷絕來往，認為它就像一個大染缸，多數議員包娼包賭，不染黑的話絕對無法在內生存。

王昭武一九八五年北上經商，在航運界工作，每週至少五天在台北，假日才回彰化。這段期間讓他在政治思考面更寬廣，也見識許多群眾運動場面。

印象最深刻的是民進黨首次在國父紀念館舉辦活動，現場擠滿上萬人，黨主席江鵬堅演講訴求平反美麗島事件、釋放政治犯，周遭則有數千軍警層層包圍警戒，場面悲壯，令人動容。

謝聰敏一九九二年當選民進黨不分區立委，王昭武主動協助成立彰化服務處，並義務擔任服務處主任，個人贊助房租、人事、水電、電話費、雜費等，一年開銷加起來約三百萬元。

第二年王昭武考量自己須認真再拚事業，聘請盧惠寬接服務處主任，乃拜託好友曾文彬幫忙，曾又找了兩位好友協助，每人一年各贊助一百萬元。後來謝聰敏連任一屆立委，合計五年共贊助經費一千五百萬元，但三人都很低調，為善不欲人知。

為反抗國民黨壟斷廣電媒體，各縣市地下電台興起，節目多以批評時政為主，大受民眾歡迎。王昭武躬逢其盛，也擔任「大彰化之聲」電台主持人，省長選舉及總統直選時，他除了參與助選，更大力透過廣播宣傳理念。

有一次他邀請李筱峰教授從台北來受訪，兩人在節目對談兩小時欲罷不能，可見彼此功力之深，也惺惺相惜，期待有機會再暢談。

王昭武始終沒加入任何政黨，他最愛自由，不喜歡被黨約束。最敬仰的政治人物是陳定南和彭明敏，他和謝聰敏當年互動最多，也認為謝是一位不愛財、對錢沒概念，而且無私的人。

因為經常出錢出力，王昭武和許多民進黨公職熟識，然而他最大感慨是一些人當選公職後，為討好選民變得媚俗而沒原則，令人失望。

在台北工作二十多年退休返鄉，他活力十足，持續關心政治與地方發展，二〇一六年卸任彰化縣小英之友會理事，功成身退。

03 優良校長梁瑞興

梁瑞興出生於芬園鄉，童年時父親就去世，家境貧困，與母親相依為命。台東師範畢業後返鄉服務四十年，埔心國小校長任內退休，持續投入文化工作。

一九七〇年代中期，梁瑞興就知道劉峰松名字，後來姚嘉文參選國代，每場政見會人山人海，姚嘉文演講結束，劉峰松立即接棒講述「台灣悲慘史」，讓他印象深刻。

洪永福、劉輝煌、林火盃、林天成等人，都是梁瑞興的台東師範好友，尤其深受導師陳明達影響，志同道合，在校即秘密成立讀書會，成為莫逆之交。大家返鄉在不同學校任教，每月仍定期聚會，思想漸趨激烈，甚至討論政治禁忌議題。

他們以研習宗教的「翔鵬修道院」同修會名義，經常借宿日月潭「文武廟」招待所，或者到台中市「教師會館」，徹夜討論研讀的哲學、政治學、心理學書籍以及柏楊、殷海光著作，認識自由主義、人道主義，同時了解雷震與傅斯年精神。

他們更深刻討論中國「醬缸文化」對台灣的負面影響，同時覺悟自己只是「教奴」，而非「教師」。因為在國民黨統治下，教科書沒有的不能教，他們僅為養家餬口，成為統治者工具。

在漸漸了解台灣歷史與二二八事件之後，一九七一年二月的聚會，他們經過熱烈討論，共同草擬〈二二八祈禱文〉，更一起登上日月潭小島宣讀，為台灣先烈、台灣同胞向全能上帝祈禱。

一九七九年元月，為聲援被國民黨政府逮捕的余登發父子，黨外人士在高雄縣橋頭鄉發起示威遊行。家住溪湖的楊松峰、楊昌隆也南下聲援，並帶回傳單分享梁瑞興，其中一份內容是〈給總統的一封信〉。梁瑞興趁著週末將傳單借去影印，由於熟識的印刷廠沒開店，他和妻子乃轉往另一家。

這老闆才影印一張就發現不對勁，停下來不印了，藉故和他攀談。沒幾分鐘之後，竟有四名警察騎著兩輛機車快速來到印刷廠，將夫妻帶回溪湖警分局偵訊，從傍晚六點開始製作筆錄，直到十一點才結束。

深夜回到租屋處，梁瑞興立即將屋內所有書面資料，送往山區的姊夫家藏起來。隔天開始，就有後備軍人輔導中心及調查站人員，陸續到家裡和學校探訪。

幸好在東溪國小任職的他，在校上課認真，訓練學生參加合唱、演講、科學才藝比賽都獲獎，而且與家長互動佳，地方風評良好。加上他婉轉說明影印理由，並無特別動機，僥倖過了這關。

有很長一段期間，調查站人員每星期來校一次，教育局「人二」也不定期派員抽查學生作業和作文簿批文，他唯恐其他好友受牽連，平常生活變得比較低調。雖然如此，梁瑞興仍持續參加秘密聚會，幕後一起製作文宣助選。

他一九八〇年代中期勇敢投入第一線，也經常悄悄北上聲援示威活動，桃園機場事件就在現場抗爭。民進黨成立後的各項大活動，可說無役不與，每次縣長選舉則執筆《教育政策白皮書》，立委或縣議員選戰也都加入文宣小組。

梁瑞興後來到台中師專完成進修學分，也考上學校輔導室主任，一九九〇年通過校長甄試，先後於彰化縣朝興、芬園、埔心國小任職。

他公開向家長與學生宣示，其教育理念之一就是「確立台灣主體性、催生民族新靈魂、放眼國際大趨勢、接軌人類新文明」。他教化學子三大目標之一，更是「確切形塑兒童做個受世人敬重的新台灣人」。

四十年的教育人生，梁瑞興未忘初衷，以培養學子成材成器為最高樂事，曾獲行政院文建會「文耕獎」、文化總會「青少年文化教育獎」以及彰化縣「特殊優良校長」獎章。

劉峰松一九九五年將畢生購買蒐集的數萬冊台灣文獻捐出，並邀集有志之士成立「半線文教基金會」，梁瑞興擔任第一屆董事長，持續蒐集、整理台灣歷史文物資料，更購置五層樓透天厝設置「台灣文化資料中心」，並成為基金會會館，二〇一七年卸任交棒。

04 江湖的讀書人

被好友戲稱「流氓校長」的洪永福，投身基層教育四十年，在政治與教育改革浪潮中，始終是進步力量的一分子。

一九四九年出生於農家，父親任職日治時代溪湖糖場，曾為農民權益而參與「二林蔗農事件」，他自幼受父親影響，具有追求公平正義，建構公民社會的思維。就讀二林初中後，他進入台東師範，受北京大學畢業的國文老師邢文煥啟蒙，經常藏身圖書館有系統的閱讀哲學、宗教、政治、經濟、教育、社會學等書，同時擔任文藝社社長主編思想論壇及詩刊。

一九六八年起，洪永福在二林鎮原斗國小任教。由於「翔鵬修道院」同修會的共同信念與理想，持續關心民主運動發展，姚嘉文參選國代時，他已是助選大將之一。

一九七八年選舉因台美斷交而停止，「黨外候選人聯誼會」在台中市舉辦活動，被鎮暴部隊包圍及噴水而引發衝突，隔天新聞報導有一人被捕、二人受傷，被捕的就是洪永福。

洪永福指出，當天是和平、靜態活動，被水柱噴注後，群眾原本逐漸離去，他當即跳出大聲強調：「今天這場水是台灣民主的聖水，大家勇敢讓它噴，沒有關係！」許多人聽到後又折返回來聚集。

現場隨後有一陣推擠衝突，警方早已鎖定他，並以「煽動群眾」罪名逮捕偵辦。他在警局則自我辯護說：「黨外人士僅彈吉他、唱歌，消防車竟然向民眾噴水，很不對！才出來講公道話。」由於他是學校老師，立委康寧祥也趕來關切，才能無事回家，不過也從此被貼上標籤。

《美麗島》雜誌創刊，每期發行十萬本以上，姚嘉文推薦洪永福擔任彰化分社主任，但他以「還在教書，而且兩個孩子還小」婉辭。

美麗島事件後，黨外核心人士多數被捕，「翔鵬修道院」同修會經過討論，推派洪永福北上找康寧祥和監委陶百川商談營救策略。由於他和周清玉私交不錯，周清玉也安排他和林天成、林火盂，向律師謝長廷、蘇貞昌提出「彌賽亞迫害」辯護主軸，認為這是台灣第二次的「二二八事件」。

一九八〇年代洪永福繼續堅守體制內教育工作，並與師友苦思出「台灣命運共同體」理論，貢獻於當時從事社會改革第一線工作者，禱願台灣社會改革之路，不要淪為狹隘恩怨情仇的宿命。

二林鎮林派、陳派長期對峙有其歷史緣由，派系只為利益分贓，國民黨則從中操控利用。第九屆鎮長選舉，林派推出無黨籍洪圳木參選，曾任縣議會議長的林派領導人洪挑，得知洪永福頗具文采，且經常參與黨外運動，懂得贏的策略，乃力邀加入陣營，他因此私下也被稱為「江湖的讀書人」。

為自我保護，同時避免被情治單位構陷，洪永福決定加入林派，洪圳木當選鎮長且連任兩屆，他也正式成為林派軍師。但不忍家鄉淪為「黑道的故鄉」，為了改變，雖投入「賊窟」，但不同流合汙，盼能協助林派往良性發展。

台灣解除戒嚴後，謝聰敏終於得以返鄉，洪永福率領「翔鵬修道院」夥伴精心策劃，在二林國小禮堂盛大舉辦歡迎會，主題是「挑戰、回應、想望」，林天成擔任座談主持人。

謝聰敏在二林區參選國代，之後參選立委，洪永福均幕後輔助。他多年來也曾為翁金珠、周清玉、邱創進、魏明谷等人助選，戰役不計其數。

教育廳首次招考國小輔導室主任，洪永福參加儲訓後，奉派二林鎮中正國小服務，一九八七年榮獲全國師鐸獎表揚。一九九三年起陸續擔任廣興國小、原斗國小、二林國小校長，在校發言都用母語，教導學生關心鄉土。

除了經常舉辦藝文活動，每年舉辦二二八紀念活動，十二月紀念美麗島事件人權活動，除夕則舉辦跨年晚會，讓小朋友了解「國際化」，迎接西元新的一年。

一九九四年台灣省長選舉，洪永福大力為陳定南助選，結果被國民黨鎮黨部提報開除黨籍處分。他是就讀台東師範時，被校長強迫入黨，否則不能畢業，但從未繳過黨費。事隔多年，那位黨部主任看見二林國小脫胎換骨，則親口對他說：「原以為你喜歡搞政治，原來是用心在辦教育！」

二〇一一年退休的洪永福認為，在現實地方政治，難以用純理想主義打動任督二脈，唯有略用功利，誘其走向正常之路。也因為深入地方派系，他了解「政治就是妥協」，雙方都不滿意，但都能接受。

其實許多基層草民都很率真，他也認真透過一己之力，盼讓普羅大眾走向公民社會。林派如今漸轉向與民進黨結盟，陳派則仍支持國民黨。

05

林天成的正義之憤

「美麗島事件，不是法律事件，也不是政治事件，而是對信仰的迫害——對追求自由、民主的一群人的人權迫害。」軍法大審前，一起北上提出「彌賽亞迫害事件」主張者，就是林天成等人。當年他們到姚嘉文住家，與周清玉和兩位律師討論，樓下還有四名警察監控。

一九四七年出生的林天成，芳苑鄉人，因為父親與長輩以前支持黨外縣長候選人石錫勳，卻不敵國民黨買票和作票而落選，當年十二歲的他就有一股「正義之憤」。

康寧祥競選台北市議員時，林天成曾前往政見會聽講，後來康參選立委，他和好友也自動幫忙發傳單，逐漸和康熟識。林天成被其他夥伴認為是最激進的人，也是行動派，同時擔任對外聯繫中心。

他原先任教芳苑鄉育華國小、芳苑國小，後來轉到台中市省三國小。不久，決定結束九年九個月「教奴」生涯，前往日本留學，才待了兩年就被陳明達老師徵召返台創業，一起棄教從商。

林天成對商一無所知，但以台灣興亡為己任，內心充滿使命感，乃調整心態，了解自己投入商場非為個人賺錢，而是將以商弘「道」，推翻法西斯政權。

他們一九七八年成立「台灣文化研究室」，後來又成立「愛和力無教室學校」，眾人每次討論後都提出主張發表，尤其在台灣蛻變之際，要積極參與並取得發言權。

林天成出國留學前，曾專程北上拜訪黨外人士郭雨新、康寧祥，也到石錫勳的彰化家中請益，石錫勳送他一本王燈岸著作《磺溪一老人》，並在扉頁題字「為民族雪恥、為民主爭光」。回台灣之後，他特別邀請最敬仰的作家楊逵當證婚人，石錫勳夫人張慶美也出席婚宴。

劉峰松因選舉言論被捕的前一晚，跟林天成等人在台中談論時事，仍自信認為：「張春男會被捕，我不會。」他們說：「你這思想型的，更會被捕！」離去時，林天成送劉到火車站，途經中華路，問他是否吃點宵夜？劉客氣表示：「胃不好。」沒想到，第二天就入牢了。

林天成說，劉峰松參選時在彰化縣議會附近廣場演講〈我所認識的石錫勳〉，那次街頭場合讓他了解石錫勳及父執輩開風氣之先，展現台灣人風骨、正義之憤，傳承了台灣百多年來的香火。想像石錫勳青壯年歲時，彰化市三角街兩排樓房都是家產，為了胞弟到中國經商失敗，以及參與黨外而散盡了家財，不勝唏噓！

針對美麗島事件軍法大審，林天成指出，從法律層面「惡法也是法」的邏輯，法律辯護是沒有用的。如果以政治事件而論，蔣家政權手中握著絕對的權力、暴力，以政治實力原則，不可能贏。

他們強調，唯有把問題提升到「彌賽亞」迫害——亦即蔣家政權以威權、暴力對信仰自由、民主、人權者的迫害，這樣與人類文明的普世價值連結，辯護才有可能贏，才能夠逼迫邪惡勢力，摧毀蔣家政權邪惡的意志。

一九八六年五一九反戒嚴運動，群眾層層被軍警圍困在龍山寺內，林天成和鄭南榕幾次照面，這是此生兩人最近的距離。不久，圍牆外的糧食飲料不斷越牆送進來，林天成在台北的妹妹得知他在裡面，也送來麵包。

朱高正在雲嘉南捲起選舉風潮，林天成等人非常讚賞其氣魄，專程南下捐款贊助。謝長廷首度參選立委，他們甚至也到台北助選一個月，不過因謝分票給康寧祥和吳淑珍，自己卻落選了。

施明德在獄中絕食時，出版新書《囚室之春》，其中一篇文章提到室內沒有花，他們立即用五萬元在義賣會購得油畫《花》，輾轉透過陳菊手中送到囚室。

謝長廷與他們結下深厚友誼，互動更加密切，甚至曾每週來台中一次與他們「論道」，一起討論建立的文化觀，都由謝長廷陸續發表在《台灣新文化》雜誌。

《謝長廷新文化教室》一九九五年出版，自序特別提到，文化觀也受到陳明達和一群教師朋友影響，「他們已經從自由主義、社會主義等各種思想的探討，繞了一圈回到台灣社會特質的討論，其中經過多次的參與討論，終於達到以非理性社會為主軸的結論。」

林天成等人長達五十年修道，成了「一期一會」的事，他們自認思想激進、行動保守，對學生與鄉土充滿愛。迄今仍定期聚會持續研修，認真為台灣成為一個幸福、正常的國家而努力。

06 矢志追求做自由人

「翔鵬修道院」同修會成員，不是師範出身的楊昌隆，年輕時就充滿行動力，街頭遊行、抗議都走在第一線。

楊昌隆一九五六年出生於溪湖鎮平和里，就讀員林高中畢業。他從小就覺得不合理的事太多，而且每天都發生，例如在學校竟規定不能講台語。到了當兵時期，看到更多不公不義，退伍後很自然就支持黨外運動。

一九七八年國代選舉，姚嘉文在彰化市設立據點，楊昌隆和堂哥楊松峰自告奮勇前往幫忙，拿了一批傳單卻不好意思回溪湖，怕被熟人看見，因此跑到員林火車站附近分發。

姚嘉文在「台灣大飯店」舉辦競選推薦會，許多黨外知名人士到場發表精采演講，內容政治敏感度高，兩兄弟事先徵得姚嘉文同意，帶著錄音機全程紀錄實況，帶回溪湖與朋友分享。

「翔鵬修道院」多位夥伴當天也都在現場，但不認識他倆。後來，劉輝煌的父親在某電器行聽到這捲借來的錄音帶，劉輝煌輾轉得知後，主動到代書事務所拜訪，並請兩人協助在二林街頭發放傳單。兩兄弟合夥從事代書工作，由於剛出社會，還沒什麼案子，因此時間很多，可以全力助選，也漸漸和劉輝煌、梁瑞興、洪永福等人成為好友。

美麗島事件前夕，楊昌隆和楊松峰原本已受邀南下，結果當天上午臨時有房地產案要簽約，因此未趕往參加集會。情治單位開始進行全島大逮捕時，警察也到家裡調查，但兩人確實沒到高雄，才未受牽連。

一九八〇年代初期，兩人受邀加入「翔鵬修道院」行列，每次定期聚會，一起閱讀書籍、熱烈討論，一起參與行動。代書工作需常跑地政事務所、稅捐處，某些單位「人二室」都特別注意其動態，似乎早被貼了標籤。

楊昌隆指出，早期黨外的選舉，鎮內比較聰明的人都不敢介入，普遍不出聲，極少數有所覺悟者才敢露面，另外則是一些社會邊緣人，透過助選發洩對國民黨政權不滿。

在地方上，楊昌隆平時非常低調，僅於大選之際自動自發，在經濟能力範圍內自行運作，他也很少上台，避免助選曝光。民進黨成立後，他並未入黨，與溪湖鎮黨部主委陳光華等人很少互動，民進黨公職也不認識他。縣長、省長選舉，他當然支持民進黨候選人，省議員或立委選舉，則看哪個比較弱勢，就全力襄助。

一九九五年立委選戰，因謝聰敏多次來訪請託，他決定跨刀力挺，負責溪湖和埔鹽兩鄉鎮，因為謝聰敏最弱勢，加上和彭明敏、魏廷朝共同發表《台灣自救運動宣言》，成為政治犯被關，具有歷史意義。

楊昌隆曾撰文指出，「今日台灣面臨了人類史上史無前例的挑戰，整個族群很難負起作為自由人所應負的責任，而形成一種社會變態。本來為了生存而忍辱負重，採取對付獨裁政權的手段，如今變成了生活方式的一部分。被扭曲了的人性變成了常態，多重性人格也變成了人格特質的一部分。台灣族群應如何破除此種困境，破繭而蛻變重生呢？」

他熱愛鄉土，要創造「自由的天地」，矢志追求做「自由人」，參與民主運動始終堅持「盡其本分、勿忘初衷」信念，一九九三年加入民進黨，代書事務所成立三十多年，事業有成。

嘉義女中畢業的妻子歐陽蓁珠，曾任一屆溪湖鎮民代表，二〇一〇年參選彰化縣議員，謝長廷全國助選奔走各地，某日硬抽空來溪湖助陣，顯見與楊昌隆夫婦交情之深。

年長堂弟三歲的楊松峰，淡江文理學院英文系畢業，英文、法文造詣佳，喜歡閱讀文學、哲學及思想理論相關書籍。和「翔鵬修道院」同修會結緣後，他如魚得水，經常聚會討論，除了每月定期到文武廟香客招待所密會，眾人偶而也來溪湖徹夜長談。

一九八四年楊松峰決定前往美國，離台之際，唯一帶走的兩本中文書，是作家宋澤萊詩集《福爾摩沙頌歌》和劉克襄詩集《漂鳥的故鄉》，並覺悟到了海外，將徹底斬斷中文的根。

出國二十多年，直到謝長廷參選總統，他才返台長期定居。在美期間，他深居簡出，完成蘇格蘭作家馬克庫辛思名著《電影的故事》中譯版，另外，藝術史家諾伯特林頓《現代藝術的故事》，也是楊松峰將中譯作品帶入新的世代。

07

黑手起家的楊啟

曾任陳水扁鹿港後援會副會長的楊啟，一九五三年生，家有三兄弟，父親擔任總舖師，人稱「阿宗師」。他則是長子，國小畢業後，就到住家附近的「水五金」工廠當學徒，每月工作三十天，沒有休假日，日薪三元而已。

台灣水五金產業超過一甲子的發展，在鹿港頂番婆形成典型的群聚產業，最盛時期超過八百家工廠，製作各種廚房設備、衛浴設備、給水排水配件、園藝配件、配管接頭開關等，材質包羅萬象。

楊啟當兵退伍後，仍回當地工廠上班，因技術精湛，升任工廠開模師傅，數年後自行創業，產品外銷歐美各國，也是頂番婆第一家獲得國際 ISO 認證的水五金公司。

黃石城一九八一年參選縣長，因是楊啟的工廠老闆親戚，老闆認真投入助選，他們做員工的也一起幫忙。當時還曾參加秘密集訓，有專人指導如何監票，萬一投開票所停電作票，應如何緊急應變等。

後來他自己開公司，為了做生意常跑台北，對黨外略有了解，也常買黨外雜誌回家，與一些好友分享傳閱，漸漸開始熱心支持民主運動。

周清玉首度參選縣長，經人介紹楊啟協助，帶她拜訪頂番婆當地選民。有一次抵達某婚宴，滿場人潮，周清玉卻大驚失色，主桌後方舞台正演出精采的脫衣舞，賓客眼睛吃冰淇淋，眾人目瞪口呆。周清玉很不以為然，認為是傷風敗俗、物化女性，當場極力勸阻，讓婚宴主人和陪同的楊啟非常尷尬。

楊啟第一次正式助選，剛開始有點膽怯，漸漸也習慣了。國民黨籍鎮代會主席的母親往生，他帶周清玉前往致意，喪家前面就是派出所，他原本有點擔心自己是生意人，將來會不會被貼標籤？但還是徹底投入了。

雖然鹿港被稱為民主聖地，但只限於街上鬧區的部分住戶，較具民主意識，郊區鄉下仍賄選橫行，是國民黨傳統鐵票區。頂番婆位處鎮內東北角落，涵蓋頂番里、頭崙里等四個里，近七千公民數，人才濟濟。歷屆鎮長、鎮代會主席、農會總幹事、議員，很多都出身於此地，民進黨選票則很難推展。

楊啟為人熱誠，幽默風趣，在地方廣結善緣，各黨各派都有朋友。某無黨籍人士參選鎮長，特別找他助陣，認為他才能打破該區國民黨勢力，果然當選。開票揭曉之後，警方還派員荷槍實彈到楊家保護，幸好平安落幕。

由於曾任鹿鳴國中家長會長，國民黨籍縣長或立委候選人，都會前來致意。不過每次大選，他只要看到「國民黨」三字，就渾身不舒服，有機會就很想「踢」一下。

楊啟戲稱自己從事的是「吃銅吃鐵配塑膠」行業，有人若稱讚他「白手起家」、事業有成，他則笑說：「不、不、不，我是黑手起家才對！」楊家三兄弟同心協力，共創事業，也栽培下一代接棒。

「如果不是忙於助選，全心全力投入事業，公司如今可能早已上市，或者移往越南、印尼了！」楊啟決心留在家鄉持續深耕，也照顧跟他一輩子打拼的每位員工。

他不是民進黨員，每次選舉則出錢出力，全家大小也因他而一致支持綠色執政。二〇〇五年中國通過《反分裂國家法》，民進黨在台北發動「民主、和平、護台灣」大遊行表達立場，他在頂番婆也動員一輛遊覽車人數參加。

蔡英文首度挑戰總統選舉失利，為支持小英下一次「走完最後一哩路」，楊啟二〇一二年正式加入民進黨。蔡英文四年後當選總統，就職前的產業之旅，都是台灣赫赫有名的產業，第四站則選擇頂番婆，顯見此年產值超過六百億元，占全球一半的水龍頭產量，被稱「水龍頭故鄉」之魅力。

08

和美區四好漢

一九八〇年代後期，國民黨在和美區三鄉鎮（和美、伸港、線西）勢力根深蒂固，然而在柯焜樹、柯銀明、姚家吉、周安泉等人努力下，為民進黨開疆闢土，功不可沒。

柯焜樹一九五二年生，伸港人。姚嘉文返鄉參選國代，在彰化市舉辦政見會，他趕往聽講，第一次深深感受民主氣氛，開始勤讀黨外雜誌，同時認真思考台灣政治問題所在。

美麗島事件發生以及大審判，對柯焜樹又是一次衝擊。不久之後，許榮淑參選立委、翁金珠參選省議員，他都主動到彰化服務處當義工。除了幫忙折文宣，挨家挨戶發放，也協助大小行政事務與派報等工作。有一段期間，他和魏明谷兩人專職陪翁金珠跑行程，還到二林、竹塘等偏遠鄉鎮拜訪，經常深夜才回到家。

許榮淑當選立委後，在彰化市曉陽路設立「尤清、許榮淑服務處」，成為志同道合朋友聚會所。偶而舉辦座談會，情治單位都緊張不已，除了監聽、盤查，甚至還曾封街禁止民眾參加。柯焜樹說：「事實上，服務處每位志工都充滿熱誠，為的是社會公義，希望為下一代建立真正民主政治制度。」

由於參與頗深，柯焜樹理所當然被人貼上「黨外」標籤。一九八六年初，伸港鄉民代表選舉，由於村內宗親無人出馬，加上祖父在日治時代曾任村長，他表達參選意願後，包括和美警分局長、刑事組長、調查站專員等近十人，竟浩浩蕩蕩來家裡關切，引起鄰居側目。

柯焜樹認為他家開鐵工廠，是正當生意人，僅為關心地方事務，又不是為非作歹，仍堅定參選。不過，他僅擔任一屆鄉代，因常在代表會當「烏鴉」，不獲討喜，也未再競選連任，改全心投入民進黨基層工作了。

與柯焜樹同齡的柯銀明也是伸港人，經營辦公家具事業。許信良一九七七年參選桃園縣長爆發中壢事件，他與朋友交談中得知訊息，開始關心黨外運動，對國民黨威權體制、賄選買票很不以為然。

張春男、劉峰松一九八〇年分別參選立委和國代，柯銀明到處趕場聽演講，翁金珠隨後參選省議員，他也僅能關心支持。真正有機會參與助選，是與柯焜樹在路邊攤相遇，經友人介紹，發現彼此理念相近，相談甚歡之後，跟著一頭栽入民主陣營。

姚家吉則年長兩人一歲，世居和美，退伍後在糖廠工作。因堂兄姚嘉文參選國代，他在助選過程開始了解國民黨政府不公不義。美麗島事件後，警方曾到糖廠對他警告，他不久也離職。隨後，常到許榮淑彰化服務處幫忙，因此認識柯焜樹，進而投入民主運動。

一九八六年許榮淑、翁金珠分別參選立委、國代，柯焜樹負責和美區後援會，柯銀明和姚家吉、周安泉是左右手，協助宣傳、辦演講會、擺地攤義賣雜誌兼募款。姚嘉文出獄當天，他們更動員前往迎接，安排車隊遊街、放鞭炮，非常熱鬧。

周清玉參選彰化縣長前一年即開始部署，柯焜樹也積極籌備和美服務處，眾人再度發揮功力。選戰期間，彰美路沿途數公里兩旁旗海飄揚，都是周清玉戰旗，甚為壯觀，眾人士氣大增。服務處除了動員、宣傳、辦活動外，招募黨員、栽培新血，帶動了三鄉鎮的政治熱潮。

周清玉在彰化市設立「縣政關懷中心」，並在縣內各鄉鎮有分支單位。柯焜樹是總部委員之一，同時擔任和美區召集人，柯銀明、姚家吉、周安泉也是核心成員，每週開會一次，提出各項建言，平時幫忙跑紅白帖。然而受限人力與經費困窘，國民黨議員也反彈砲轟，終未達理想效果。

參加無數大小活動，姚家吉印象最深刻的是桃園機場事件、五二〇農運以及鄭南榕出殯。他們四個年輕幹部和黃松碧等人，經常共乘一輛九人座廂型車，每次出發前，警方、調查站、憲調組都會派員來抄車牌、點人數，非常囂張。

年紀最輕的周安泉，一九五五年生，世居伸港鄉泉州村。最早是聽黨外張春男與劉峰松演講而受政治啟蒙，也是在姚嘉文參選國代那年參與助選。

鄉下很保守，老一輩都勸人不要談政治，父母和妻子也不希望他介入。演講會場因為有警方錄影，現場除了助選義工十多位，還有許多情治單位人員，真正來聽講的民眾有時甚至僅五、六位，可見當年政治氣氛之緊張。

參加無數次的抗爭，周安泉印象最深刻的也是五二〇農運，他在現場被消防車水柱沖倒在地，背後還有鎮暴警察趕來抓人，只好連翻帶滾逃到私人公寓躲避。不過也因再三的抗爭，包括農民保險、老人年金條例，後來一一通過，家人更加了解並支持他的理想。

姚嘉文、翁金珠一九九二年參選立委，和美區幹部一分為二，相輔相成，各自推銷姚、翁優點，均高票當選。後來，為打破國民黨壟斷媒體，眾人集資在伸港經營有線電視，柯焜樹擔任總經理，但三年後受大環境影響，仍遭財團合併。

柯銀明之後到中國廣東發展辦公家具事業，待了十多年，近年才返台定居。柯焜樹、姚家吉、周安泉則隨著民進黨執政與下台，歡欣鼓舞或挫折沮喪，心情起起伏伏，仍持續參與迄今。

「歡喜做，甘願受」、「要參與，就不要後悔」，這是如今四人共同心情。除了懷念當年一群基層夥伴實際付出，也更加肯定自己在年輕歲月的無私奉獻。

09 快車志工賴蒼德

外表英俊瀟灑，年輕時生活浪漫，曾是舞林高手的賴蒼德，因緣際會見證台灣政治變遷，投入民主運動，走向更踏實的人生。

賴蒼德一九五三年出生於大村鄉，家裡生活貧困，有三兄弟和一個姊姊。國小畢業後，雖然考上初中，但父親沒錢提供上學，希望他立即就業。

台灣香蕉當年外銷日本，正是最蓬勃發展期，他經人介紹，離鄉背井到屏東、里港、美濃等地當童工，製作裝載香蕉的竹簍，非常辛苦，晚上經常想念家人而落淚。

十七歲那年回彰化，到正新輪胎公司上班，當兵退伍後，和曾是同事的女友結婚，生了三個孩子。由於岳父從事中藥業，他也在大村鄉山腳路開店做中藥批發，從切片到加工應有盡有，生意越來越好。

賴蒼德初次接觸黨外運動是一九八〇年代初期，張春男和劉峰松分別競選立委、國代，兩人批判時政非常犀利，尤其劉峰松的宣傳車看板醒目字體「打倒國民黨」，讓他震驚不已。後來翁金珠兩度參選省議員，他私下支持，也到各地趕場聽演講。

因事業發展成功而有許多應酬，加上自己也愛跳舞，常出入台中舞廳，生活多采多姿。未料某日一場豪大雨，山區泥巴水流竟衝入他的庫房，珍貴藥材付諸東流，財務損失慘重。一九八六年選擇轉換跑道，一家五口來到台北，他投靠在朋友的早餐店學習，認真工作一年，準備學成後再返鄉開店。

也是這一年期間，他在台北見識台灣政治、社會運動，如果得知有大型活動，早餐店工作一結束立即趕往關心。

江鵬堅、鄭南榕等人五一九當天在龍山寺發起「綠色行動」，被上千軍警團團圍住。賴蒼德也困在寺內廣場，眼見場外支持者群起聲援，不斷空投飲料和食物，非常感動。

《蓬萊島》雜誌案宣判，陳水扁等三人各被判處有期徒刑八個月，黨外人士在市議會前舉行入獄歡送會，將步行到法院抗議，但遭警察阻攔，眾人隨即靜坐與警方對峙十七個小時，賴蒼德是靜坐者之一。

民進黨召開第一次全國黨員代表大會，晚上並於金華國中舉辦「民主進步黨──新黨之夜」，會場人山人海，他也在台下高聲歡呼。

隔年，賴蒼德全家回到故鄉，他和妻子在員林鎮開早餐店，由於距離翁金珠國代服務處不遠，他店裡工作結束，常到服務處與人聊天，也抽空當志工。

翁金珠有一輛一千五百西西的喜美轎車，幾個志工輪流開車接送，後來因賴蒼德開車讓翁最安心，幾乎成了專任司機。只要約定某個出發時間，不管是到其他鄉鎮還是到南部或北部，他早餐店工作完成，立即趕來接送，前後有四年之久。有一次載翁金珠到高雄聲援一場抗爭，回到員林已深夜，他到家也沒什麼睡，清晨起來又忙著做早餐。

施明德將出獄，妻子艾琳達從美國來台，預定某日上午九點四十五分抵達桃園機場，一群民進黨好友特前往接機。賴蒼德上午臨時接獲翁金珠電話通知，匆匆忙忙於八點開車出發，由於適逢週一，貨櫃車也多，沿途部分路段都塞車。為能及時趕抵機場，也不讓翁緊張，乾脆請她坐到後座，一路超車，甚至多次行駛路肩，不管是否被拍照取締，瘋狂衝到底，終於準時趕到航廈大廳前。停車後，頓時緊繃神經一鬆，竟發現全身發軟無力。

由於每天午後時間比較寬裕，賴蒼德也經常接送名作家林雙不到各地演講，兩人因此成為好友；被他載過名人的還包括劉峰松、陳婉真、陳聰結等人。另外，台獨聯盟主席張燦鍙仍是國民黨黑名單時，兩個女兒從美國來員林，也是他負責接送，沿途都有情治人員跟蹤。

賴蒼德陪同翁金珠參加無數大小運動，印象最深刻的是許曹德、蔡有全台獨案，服務處幹部全島巡迴演講聲援，他全程參與。另外在「中正廟」廣場聲援海外黑名單人士，齊唱《黃昏的故鄉》，不禁潸然淚下。參加鄭南榕出殯，內心萬分痛苦，名列黑名單的陳婉真意外現身送葬隊伍，全程令人感動。

施明德先前在獄中絕食，賴蒼德和眾人到監察院前抬棺抗議，要求予以釋放。陳婉真偷渡回到台灣，帶兒子「久哥」前往內政部為黑名單人士回台設籍問題抗爭，他也陪同聲援，當天下大雨，全身都濕透透。此外，要求「總統直選」大遊行，夜宿台北街頭數日，更是難得的抗爭經驗。

父母對於他過度熱中政治，因擔心而多次反對，他仍堅持參與。妻子則認為不是做壞事，鼓勵他多付出，始終默默予以支持。他曾任翁金珠服務處管理委員會副會長，也當選彰化縣黨部執委，後來則接任大村鄉聯絡處副主任。縱使過去曾累得要命，賴蒼德甘之如飴，因為「心歡喜、甘願做」。

陳婉真為黑名單人士回台設籍問題抗爭（邱萬興/ 攝影）

10 民主酵母菌黃武志

一九八〇年代初期，鹿港黃武志三兄弟就開始參與民主運動，他年紀最長，更在教育界服務四十多年，政治理念有如「酵母菌」影響許多人。

黃家世居山崙里，座落鹿港鎮最北方，社區產業以稻米為主，家裡共有五兄弟。黃武志是長子，很早就看很多黨外雜誌，弟弟黃武昇和黃武洲受到影響，跟進投入民主運動。

黃武志一九四二年出生，台中師範畢業，返鄉任教於草港國小。在師範住校期間，教官就曾不斷鼓吹同學入黨，最後全班僅他一人堅持拒絕。師範學校有一堂課是「教育行政學」，某教授說明校長任用資格時指出，「有一個不明文規定，就是要加入國民黨。」他當時就決定一輩子不當校長，他對政治沒興趣，只是對國民黨覺得反感。

一九八〇年黃順興參選立委（農民團體），到鹿港拜訪黃氏宗親會，因黃武志私下透過管道協助取得鹿港農民名冊，黃順興雖然落選，在鹿港得票數卻開的最好。

後來翁金珠參選省議員，沒沒無聞，加上美麗島事件之後，很少人敢擔任她的「助講員」，黃順興拜託黃武志幫忙，他立刻推薦口才不錯的黃武昇、黃奇新和陳德政三人。

國民黨政府當年規定，每位候選人僅能登記五名助講員，還得送資料到選舉委員會審核。淡江大學畢業的黃武昇年僅三十歲，勇敢上陣，表現突出。陳德政後來也參與很深，曾任民進黨彰化縣黨部第一任主委。

一九五四年次的黃奇新是黃武志教過的學生，為人慷慨大方，有正義感。有一天演講結束剛走下台，一名情治人員拉著他挑釁說：「少年仔，你很勇敢喔！叫什麼名字？」他毫不客氣回應：「我叫黃奇新，住草港，歡迎來我家泡茶！」讓對方愣了一下。

黃武志在校教學認真，人緣不錯，私下拜託幾位老師幫忙，大家偷偷製作海報文宣，他自己也帶領一群年輕人助選，被尊稱「精神領袖」。翁金珠全縣雖僅獲二萬多票落選，但已是好的開始，第二次參選省議員得票就增為四萬多票。

周清玉當選縣長後，與黃武志互動多，姚嘉文參選立委時，他也在後援會幕後協助。幾年後換周清玉競選立委，在鹿港就獲得三千多票，開心不已，黃武志是功臣之一。

黃武志多才多藝，不只書法好、美術佳，更對每項運動都熟悉，也是彰化縣教師排球代表隊主將。他擔任草港國小體育組長，指導排球校隊廿八年（五、六年級男女生共四隊），小朋友躲避球隊也曾獲全縣冠軍。鹿港每年才藝競賽活動經常找他當評審，龍舟競賽請他擔任發令員鳴槍，教育界幾乎都認識他。

黃武志未加入任何政黨，但每次大選一定支持民進黨。他個性內斂，在公眾場合不喜出風頭，在校也不會大放厥詞。他與多數老師交情好，在選舉後援會雖未掛名，但每天都去，其他老師也願協助。

弟弟黃武昇唸水利工程系，後來往建築界發展，很早就定居中壢。桃園機場事件那天，軍警重重包圍下，他也在現場被消防車水柱噴得一身紅。他後來事業一帆風順，持續支持民進黨，大力襄助邱垂貞當選立委。

一九五四年出生的黃武洲畢業於彰化中學，後來從商，曾任民進黨彰化縣黨部執行委員、「八卦山民主協會」會長，對於民主運動經常出錢出力。

早期在鹿港投入黨外運動，黃武志印象最深刻的人是王萬全和吳金塗，王萬全都在第一線，吳金塗則與周清玉交情佳，每次選舉負責持麥克風。

戒嚴時期情治單位虎視眈眈，許多朋友關心黃武志安危，但他自認參與民主運動不是做壞事，更不是為非作歹，因此能夠堅持信念勇往直前。

年輕時曾到逢甲大學夜間部進修五年，取得大學畢業學歷，也考上國中教師資格，錄取分發埔鹽國中，但他仍決定留在草港國小服務，因為已證明他的實力就好。山崙里的黃氏宗親約三百戶，多數都支持民進黨，他自己周遭朋友大部分也是政治理念相近。

認識的朋友有人說他「深綠」，也有人感到訝異，因為他平時看起來是那麼溫和，不像以前被認為激進的民進黨。二〇〇五年從草港國小光榮退休，在這所創校近百年的小學，任教四十三年之久，桃李滿天下，真的是創下紀錄。

11 鹿港黨外教父

在鹿港有「黨外教父」之稱的王萬全，一九四八年出生於福興鄉，幼時聰穎好學，十幾歲開始習畫練字。後來從研究鄭板橋、顏真卿、柳公權書法字體，進而吸收其精華，繪畫則大部分以人物或老人為主題，細膩傳神，功力佳。

二十四歲在鹿港中山路開店，經營「全興美術社」販賣佛具、書畫，並製作廣告看板。因為關心政治，也大量閱讀黨外雜誌，並為姚嘉文參選國代助陣，不過姚嘉文並不認識他。

王萬全廣結善緣，在地方熱心公益。美麗島事件後，許榮淑當選立委在彰化市成立服務處，核心幹部包括陳光華、楊文彬、陳忠孝與陳明秋，王萬全擔任服務處主任，經常兩地奔波。

黃石城二度以黨外身分參選縣長，對一般民眾仍很陌生，王萬全率先帶領「鹿港青商會」公開支持。由於許榮淑立委選區橫跨中部四縣市，多數時間又都在台北論政，基層完全靠地方幹部經營，服務處工作相當辛苦。

不過在幹部同心協力下，透過幾次省議員、縣長與立委大選，王萬全在各鄉鎮建立人脈與據點，同時認識南北各路英雄好漢。新成立的黨外「編聯會」或「公政會」成員，來到彰化縣，都會專程到鹿港拜訪。戴振耀、蔡有全等人也來過，政治犯林樹枝初次來訪時，自稱「綠島政治大學畢業」，則讓他印象最深刻。

翁金珠兩度參選省議員失利，黨外國代李讀一九八六年決定轉戰立委，王萬全和陳明秋專程到台北，鼓勵當老師的翁金珠再度出馬。鹿港「反杜邦」運動當時如火如荼展開，王萬全協助邀請各地名人前來演講助陣。

適逢黨外人士組黨成功，全興美術社更成為民進黨競選辦事處，每天人潮洶湧，許榮淑、翁金珠都高票當選。鹿港被稱為黨外「民主聖地」，重大活動鞭炮聲不斷，每次數萬元鞭炮經費，當然都是王萬全自掏腰包。

翁金珠當選國代，在員林、彰化兩地成立服務處，彰化市區擬與許榮淑服務處設在同一地址，警備總部竟然不准，規定全縣只能設一處。王萬全等人臨機應變，服務處僅掛許榮淑招牌，門口則置放翁金珠「精神堡壘」，裡面一樣合併辦公。

雖然警總、調查局、警局人員常來他鹿港的店，王萬全自認是生意人，沒什麼好怕！對方也很客氣，僅再三拜託集會不要辦太晚。若台北舉辦群眾抗爭活動，則會派員跟監，甚至曾徹夜守在他家門口。由於菸癮很重，每次都買很多條，某情治人員竟誣指私賣香菸，他一怒之下放話：「已在家準備麻布袋等你」，那名抓耙仔才不敢再嚷嚷。

陳永興、李勝雄、鄭南榕等人發起「二二八公義和平運動」，在彰化市被大批警察暴力圍堵，王萬全也在現場抗爭。後來全國各團體群集嘉義市舉辦萬人紀念大會，他勇敢接任彰化縣總領隊，遊覽車費用全由他負擔。

鹿港鄉親施性忠在新竹市兩度當選市長，卻被國民黨政府以案判處二年半，出獄後，王萬全為他舉辦返鄉歡迎會，鹿港街頭人山人海，鞭炮聲不絕於耳。這場活動雖然花了近五十萬元，但覺得非常痛快，很值得！

周清玉一九八九年參選縣長，夫婿姚嘉文久聞鹿港「前輩」大名，某日專程前來尋求協助，甫進店門看到一位年輕婦人，禮貌問：「妳父親在家嗎？」「您找哪一位呢？」「我找王萬全先生，妳是他的……？」婦人差點噗哧一笑，回答說：「我是他家煮飯的！」直到見了王萬全本人，姚嘉文才知竟比自己還小十歲。

每次重大選戰，王萬全在鹿港負責操盤，妻子尤桃除了成立婦女團助選，還一起幫忙插旗、煮飯、做點心。民進黨主席黃信介來到縣內演講時，也公開稱讚說：「彰化縣出最多力的是鹿港王萬全。」

他陸續幫過姚嘉文、謝聰敏參選立委，二〇〇〇年總統大選在鹿港幫阿扁，第八屆立委選舉則響應李登輝號召，全力協助台聯成為第三大黨，讓黃石城的女兒黃文玲當選不分區立委。後來黃文玲以無黨籍參選縣長，黃石城又來請託，則未獲他首肯。

王萬全年輕時就認為，人生不長，要做一些有意義的事。如今淡出江湖，人窮志不窮，筆名「無缺」，每天除了書畫工作，還兼任填譜教唱的老師，樂在其中。

民進黨舉辦紀念二二八活動（邱萬興/ 攝影）

12

線西最大膽女性

黃錦山和黃映碧是夫妻，姚嘉文首度參選立委，兩人正式助選，後來投入越來越深，歷屆大選無役不與，黃映碧更被稱為線西鄉「尚好膽」的女性。

一九五五年次的黃錦山在寓埔村土生土長，父親務農種稻，家裡也開雜貨店。他鹿港高中畢業，退伍後一度在紙業工廠上班，後來自己靠行開大貨車，從六點八噸開起，後來改開十二噸半，另外則接下父親棒子持續經營雜貨店。

黃映碧出生於彰化市，小黃錦山六歲，兩人於一九八〇年結婚。黃錦山開貨車，她擔任隨車助理兼捆工，經常一起北上跑海關送貨，貨源以和美鎮的紡織布紗為主。

和美鎮早期有「紡織王國」雅號，「和美織仔」曾經暢銷海內外，直到一九九〇年代初期，紡織廠仍有二百多家。當年沒有推高機，夫妻送貨到基隆港碼頭，除了一大早到報關行排班，一綑綑布紗也須兩人合作搬上搬下，非常吃力。最生氣的是報關行要收紅包的文化，讓人對國民黨政府黑暗面感到厭惡。

黃石城參選縣長時，黃錦山夫婦私下開始支持黨外運動，但因工作仍難以維生，又要養兒育女，能幫忙的只有投票支持而已。

兩人印象最深刻的是一九八〇年代初期，翁金珠在和美鎮和東國小操場舉辦演講會，天空下著雨，場中只有三個聽眾，另加九名制服警察。翁金珠邊講邊哭，一些民眾站在角落不敢靠近演講台，怕被點名作記號。

「野百合學運」期間，由於常開車路過台北，有機會到現場了解，也開始進一步認識台灣政治。有一次在台北參與群眾運動，曾被噴過水，警察還噴催淚瓦斯，幸好沒事。有人則比較嚴重，皮膚會很癢，猜測可能水中置入某種藥物所致。

後來姚嘉文參選立委，線西鄉服務處就設在黃錦山的店，個性活潑開朗的黃映碧當服務處主任，接著周清玉競選縣長連任，兩人投入更深。國民黨賄選一票二百元，黃映碧逢人就宣傳「收歸收、投歸投」、「支持穿裙子的」。

黃映碧父親早年也是開貨車，她小時候常跟車跑南北二路，以前家住八卦山脈的「銀行山」附近，就讀市區的南郭國小，每天上學走路至少要一個小時。家裡貧窮也沒鞋穿，不過她都當班長，也養成堅忍的個性。

台灣省長選舉與兩次總統大選以及翁金珠競選縣長，線西鄉後援會仍設在雜貨店。店裡平常就有很多鄉親聚集，大家喜歡聊政治，每次選舉時很多鄉親主動認捐三千或五千元，都非常熱情。

黃映碧多次擔任後援會主任或總幹事，競選總部召開全縣幹部會議，她經常代表線西鄉出席，也是各鄉鎮唯一女性總幹事，許多人都稱讚她的能力和勇氣。

二〇〇四年，二二八牽手護台灣活動，公民數僅一萬三千多人的線西鄉，就出動八輛遊覽車人員，後來參與南北各地選舉造勢，黃映碧都負責召集和動員。有時候率隊出門，深夜才回到線西，也要照顧到每位參與者安全返家。

某年立委選戰，國民黨候選人陳杰號次抽籤第十五號，政見主張「老年年金每人一萬五千元」。她在某場合碰到對方，毫不客氣嗆說：「你五百都拿不出來了，竟還敢說一萬五千！」她認為這種亂開支票的選舉文化，非常差勁，真的是騙很大。

雖然投入政治那麼深，黃錦山和黃映碧一直沒加入民進黨，線西鄉有許多熱心助選者，大部分也不是黨員。兩人是二〇〇七年民進黨情勢最低迷之際，才正式入黨，迄今以身為自主黨員為榮，不屬任何派系。

13 讀書賣米的李荻清

李荻清被許多彰化朋友尊稱「李大師」，政治大學畢業，結婚生子後以賣米維生，過著白天工作、晚上讀書的淡泊日子，一生堅持理念，不與國民黨妥協。

一九四七年次，戴近視眼鏡，個子不高，瘦骨嶙峋樣子，李荻清在彰化市區經營「吉盛米店」。他賣的米不但好吃，而且都親自送到客戶家，若客戶電話叫貨，份量較重的話，他得一包一包扛，再開貨車送達。

他喜愛閱讀，從學生時代就開始研究哲學和佛學，包括古希臘柏拉圖、亞里士多德，以至十八世紀康德、二十世紀中國牟宗三哲學思想，均深入涉獵。

劉峰松因政治獄被關，李荻清開始關心民主運動，同時默默協助翁金珠參選。後來謝聰敏當選立委，他也協助彰化服務處工作三年，投入更深。

個性溫和，頭腦清晰，論事有條有理，平時若碰到支持國民黨的客戶，李荻清也不會排斥，很樂意彼此交換心得。有時候甚至只用兩三分鐘，不疾不徐，以實例舉證就讓對方口服心服了。

不過省長選戰正熱，他某日送米到客戶家，對方拉著他談政治，一堆似是而非的國民黨言論，讓他越聽越不爽。一怒之下不賣了，竟將那包米又扛回車上，這趣事後來一直成為朋友間的笑談。

有「台獨理論大師」之稱的林濁水，是李荻清的大學好友。前民進黨主席林義雄和李荻清熟識，如果來彰化，也喜歡抽空到李家暢談。

陳定南競選省長、彭明敏競選總統期間，是李荻清參與巔峰期，適逢地下電台「大彰化之聲」成立不久，他和好友王昭武、吳麗慧主持節目宣揚理念，每天每人各負責二小時，也廣邀南北知名政治人物受訪。由於談話內容精采，甚至有聽眾專程從雲林縣莿桐鄉送宵夜點心來。

吳麗慧回憶說，認識李荻清是在她主持電台新聞節目時，一群彰化好友每天輪流準時上節目，她先播報當日新聞，他們針對報導內容作深入淺出的分析，還開放聽眾現場Call in，因為分析精闢，見解獨到，故經常有空中熱線的激烈討論。

李荻清是政大統計系畢業，那年代有專業能力，有很多機會可進入政府或民間企業擔任要職，為何選擇辛苦賣米工作？

「在國民黨一黨專政時期，關心時局社會與政治經濟的人，看到政府顢頇無能，又經常拿敵人來恐嚇自己國民，多半活得很痛苦。李大師佛學造詣極深，他的入世佛教思想，讓他選擇離政府最遠，最自由的行業，既能深入社會基層角落，又可實踐其關懷社會抗衡當權者的精神。」國中老師退休的吳麗慧如此解讀。

在電台除了批判政客、針砭時政，他還敢評論把宗教當慈善事業經營，聲望如日中天的證嚴法師，差點引來信眾抗議。李荻清很技巧的拋出問題，他的評論恰到好處，點到為止，等待社會去討論發酵。這種敢批判導引社會議題與討論風氣之勇氣，又不會惹火上身的功力，都令人十分激賞與欽佩。

林雙不、陳來興、楊翠等人聲援主張台獨而四度入獄的黃華（曾明財/攝影）

14 鄉下藥師藍正中

藍正中出生於南投，唸台中一中時，因沉迷文學與武俠小說，沒考上大學，改就讀嘉南藥專。畢業順利考取藥劑師執照，退伍後，一九七四年選擇到「無醫村」之稱的芬園鄉社口村執業。

他當學生時就很有正義感，對特權橫行尤其反感，雖然曾任國民黨知識青年黨部主委，但在校園和同學偷偷傳閱《大學雜誌》政論，後來又大量閱讀黨外雜誌，對政治已有新的體認。

美麗島事件之後，他在芬園鼓吹支持黨外，成為國民黨地方黨部頭痛人物，許多鄰居也都納悶：「怎麼沒被抓去關？」許榮淑首度參選立委，選區橫跨中彰投，他專程跑回南投搖旗吶喊。

翁金珠兩度參選省議員，他第一次默默在芬園拉票，第二次則公開站台助陣。翁金珠改競選國代，他正式登記為助選員，與陳忠孝、林勝利、陳明秋、楊文彬等人成立組織，奔走全縣各鄉鎮市，輪番上台演講助陣。由於他台語熟練，經常引經據典，很有鄉土味，「幹譙」國民黨特別叫座。

開票時竟然遲至深夜十一點還未能揭曉，引起支持者群情激憤，藍正中立即號召大家分乘機車趕往縣政府，三百多人在廣場拿臉盆宛如敲鑼打鼓抗議，縣選委會主委黃石城最後才出面宣布翁金珠已當選。

翁金珠成立國代服務處，藍正中眾望所歸榮任管理委員會會長，連任三屆會長，任內成立「民主實踐班」訓練基層草根組織人才；下鄉舉辦座談會，推廣民主理念；協助弱勢，接受民眾陳情；南北串連，參加各項政治、社會運動，翁金珠服務處也被稱讚為全國最有組織、最有戰鬥力的團隊。

一九八七年七月，他與陳深淵老師陪同翁金珠前往美國參加國際環保研討會，初識許世楷等人，還專程跑到洛杉磯拜訪陳婉真。返台之後除了籌組「台灣環保聯盟」彰化分會，陳婉真偷渡回來，也為她在彰化盛大舉辦歡迎會。

「老兵返鄉探親運動」期間，有一天，翁金珠與老兵會長何文德到「榮民之家」門口發傳單，結果被部分榮民追打成傷。服務處接到求援電話，許多義工紛紛要衝去報仇，藍正中當下安撫眾人情緒，不希望犧牲基層支持者，同時扭轉現場氣氛，改為柔性訴諸媒體，也為老兵返鄉運動做了更佳宣傳。

周清玉參選縣長時，藍正中擔任助選員及芬園負責人，芬園票數開得非常漂亮。在眾人鼓勵下，他參選縣議員，一般評估民進黨在彰化區（彰化、芬園、花壇）若提兩席，有機會過關，縣黨部卻提四席，加上有一位黨友出馬，導致全軍覆沒。

選後他也發現「政治不是我們在玩的」，除了認定不適合從政，做自己比較自在，更看不起民進黨少數公職的山頭主義。

一九九二年姚嘉文和翁金珠都參選立委，藍正中認為翁基層實力較強，因此全力為姚助陣，兩人都高票當選。三年後，謝聰敏返鄉參選立委，各界都不看好，藍正中義不容辭拔刀相助，贏得勝利。

謝聰敏淡出政壇後，藍正中號召支持新人江昭儀，並負責服務處運作。他的態度明確：「哪裡最弱勢？就往有需要的地方去！」江昭儀兩次參選立委，在芬園都獲最高票，跌破許多人眼鏡。

多年來藍正中一直是選戰幕後靈魂人物之一，不少朋友都知道他的個性直率，就事論事，有話直說，不會掩飾自己，也不會討人喜歡。

在外爭取民主，反對威權壓制，在家也秉持開放態度，子女的宗教、言論、政治取向，都可自由表達。二〇〇〇年總統大選，他全力挺扁，其中一個孩子卻支持宋楚瑜，還從台北搭車趕回芬園投票，他也予以尊重。

藍正中持續關心政治、社會與經濟發展，二〇一四年「太陽花學運」，他呼朋引伴北上關心五次，成為靜坐人群的數十萬分之一。學運幹部後來展開「遍地開花」行動，在台中高鐵站舉辦演講，他也趕去聲援。柯文哲首度競選台北市長舉辦「One City One Family」大遊行，他同樣熱情參與其中，赤子之心不減當年。

15 福興鄉兩個傻子

「如果沒有反杜邦運動，翁金珠在鹿港不可能拿八千多票！」當年一起參與抗爭的侯文寬、蔡國耀，一致認為「反杜邦」是關鍵，這也是兩人迄今印象最深刻的一場政治、社會運動。

經濟部一九八五年計畫於彰濱工業區開闢農藥製造區域，台灣六十九家農藥廠都將集中於此，美國杜邦公司更決定投資一億六千萬美元生產二氧化鈦。消息見報後，引起當地居民強烈反彈，恐嚴重污染空氣與水源。

隔年三月，縣議員李棟樑發起陳情書簽名活動，兩天內即獲萬人連署，接著更以各種抗爭手段抵制杜邦設廠，一年後終於迫使杜邦宣布取消鹿港設廠計畫。

侯文寬一九五一年出生，比蔡國耀大兩歲，都世居福興鄉秀厝村，從小就認識。退伍後，侯從事木工裝潢，蔡則在原木工廠處理磨帶鋸機。

侯文寬二十七歲開始關心政治，常到彰化市區聽黨外名人演講。後來劉峰松參選國代，鹿港王萬全在自家設後援會，他常去聊天，因此而認識劉。翁金珠之後參選省議員，他都到彰化服務處幫忙發傳單、插旗幟。

翁金珠參選國代高舉「反杜邦」大旗，侯文寬更在鹿港後援會當義工，也參加各式抗爭。之後的大小政治運動，太太經常陪他一起參與，包括五二〇農運都親眼目睹盛況，雖然僅為平凡農村婦女，卻是當年勇敢投入民主潮流的女性之一。

蔡國耀的政治啟蒙則來自父親，他唸初中時，父親認為農田常缺水，農田水利會卻仍定期扣水租，還曾重複扣繳，非常不合理，乃向黨外立委黃順興陳情，質詢行政院要求改善。

此外，福興鄉國民黨地方勢力包山包海，他父親支持無黨籍鄉長候選人蔡明遠，卻屢次參選落敗，因此常聽父親痛罵：「國民黨除了賄選買票，竟還作票！」

蔡國耀服役期間，發現國民黨員都享有特權，調皮的他因此故意加入，果然退伍前半年，長官常特別點名放他「榮譽假」。退伍後他當然沒去縣黨部報到，更把黨證燒掉了。

王萬全在鹿港開店，蔡國耀經常晚上就近前往暢談政治。尤其「反杜邦」時，眾人痛批國民黨貪污腐敗無能，完全不顧地方民眾生命安全，鄉親們熱情支持翁金珠，後援會捐款滾滾而來。晚上掃街遊行拜票，大家都自動參與。

民進黨剛成立，有意入黨的蔡國耀專程跑到王萬全家裡請教，王建議他到位於員林的翁金珠服務處，請劉峰松夫婦當介紹人。入黨宣誓通知書寄來家裡，卻被太太藏了起來，直到第二次通知，他才親自收到，太太終於擋不住。黨證編號35，算是最早期的一批。

民進黨第一屆全國黨代表選舉，由於黨員人數少，在彰化縣只要五票就可當選，他支持二十歲出頭的魏明谷一票，彼此也開始成為好友。

蔡國耀因為怕太太擔心，參加抗爭活動常一個人前往。左鄰右舍和朋友都知道他的狂熱，平時相遇都不稱名字，反而叫他「民進黨」，彷彿被定型成為綽號了。國民黨樁腳選舉買票，也都知道要刻意跳過他家。

多次北上參加抗爭之前，包括警察、鄰長都會來家裡勸阻，他都故意回應：

「啊！我竟不知有這個活動呢！既然如此，我就邀請更多人一起去囉！」久而久之，警察和鄰長知道他個性，再也不敢來勸了。

侯文寬、蔡國耀是福興鄉最早參與民主運動的兩個「傻子」，歷年來為許榮淑、周清玉、姚嘉文、謝聰敏等人助選，只要國民黨候選人被拉下來，兩人就覺得很爽。

陳定南競選省長那年，蔡國耀負責在鄉內綁旗幟，有一天為了掛更高，還用梯子爬上電線桿，竟不小心摔了下來，整整休養三個月才復原，這也是他最難忘的美好回憶。

「只要民進黨當選，就歡喜！」二〇〇〇年五月更是侯文寬和蔡文耀最開心的一刻，這輩子首度應邀出席總統就職典禮當貴賓，並和阿扁合影留念。然而八年之後阿扁卸任被關，卻是兩人最沮喪挫敗之時了。不管如何，對台灣前途還是充滿信心，兩人都持續戰鬥到底。

16 員林性情女子阿娟

「我就是有一股莫名使命感，講義氣，看到不合理，想改變，盡一份棉薄之力！」一九八〇年代街頭運動沸騰，國民黨威權體制面臨不斷衝撞，阿娟是彰化縣少數投入抗爭的年輕女性之一。

小名「阿娟」的黃婕娟，出生於永靖鄉。由於祖父曾任村長，叔公擔任鄉公所秘書，她從小就見識選舉，常有地方公職人物進出家裡，派系大老柯明謀和鄉長也來過，家族因此對政治並不排斥，反而都很熱心。

張清煙也是永靖人，年輕時創業經營鐵工廠，製作女鞋鞋底鐵心外銷，事業非常成功。因曾親身經歷外省人警察、稅務員惡行惡狀，對台灣政治腐敗很早就憤憤不平。

阿娟二十二歲與張清煙結婚，兩人常有機會出國，視野開闊不少，加上經常閱讀黨外雜誌，對政治改革有很深期待。由於住家離員林很近，若有大型選舉演講活動，夫妻常一起趕往聽講，除了買黨外書刊雜誌，偶而也小額捐款。兩人個性開朗，常主動和主辦演講的翁金珠、劉峰松、石麗鐘聊天，逐漸成為好友。

翁金珠當選國代設立服務處後，許多志同道合者經常聚集，夫妻更積極參與，甚至辦理入黨。阿娟在服務處當義工，幫忙義賣雜誌，參加「民主實踐班」受訓後，由於形象清新，口才便給，經常擔任活動主持人。張清煙則擅長組織，被選為管理委員會副會長，後來又接任「縣政關懷中心」副執行長。

一九八七年，民進黨主席江鵬堅到新竹「天公壇」廣場舉辦演講會，近萬人爭先恐後捐錢到募款箱，阿娟身歷其境，激動不已。五二〇農民運動當天，親眼目睹激烈警民衝突，不少民眾與學生被鎮暴警察毆傷或逮捕，她在現場幸運逃過一劫。

「新國家、新憲法」運動在「中正紀念堂」集結，數萬人群集聲援。民進黨人士演講過程，服務處同志鄭坤漢出其不意，將懸掛廣場中央旗桿頂端的青天白日旗扯了下來，驚動一旁警察擬蒐證逮捕，阿娟和一群夥伴立即團團圍住掩護，讓警察無功而退。

張清煙夫婦全心投入政治運動，甚至毅然結束鐵工廠事業，經常南北奔走。兩個幼齡女兒從小耳濡目染，跟著頭綁布條、喊口號，還一起與夥伴環島聲援許曹德、蔡有全「主張台獨言論無罪」。

張清煙常被認為是「衝組」，多次在街頭運動抗爭時，與鎮暴警察互丟石頭對幹，某日則被警察的石頭砸到而胸悶，害得不能參加隔日抗議老賊遊行。另外一次到鹿港活動，遊行隊伍經過鹿港警分局前，竟有地方不良分子從旁故意丟出穢物，他和幾個夥伴不甘示弱，往前圍毆對方並扭送分局，都可看出他有如拼命三郎。

海外黑名單人士一九八九年陸續闖關返台，「世界台灣同鄉會」會長李憲榮和羅益世、蔡銘錄等人來彰化縣，張清煙夫婦都協助接待。情治單位就在員林住家對面大樓監視或以電話監聽，服務處多人則徹夜在屋外守護。阿娟說：「從未擔心，也不會怕，因為沒有作奸犯科，沒有怕的理由。」

隔年縣議員選舉，阿娟於投票前四十天才臨時決定投入員林區選戰，並與藍正中（彰化區）、梁禎祥（鹿港區）、陳聰結（田中區）、楊福建（溪湖區）和曾進源

（二林區）成立連線。

阿娟訴求「反對黑道干政」以及「不要讓縣議會成為包娼、包賭的庇護所」，基層反應熱烈，當選呼聲最高。但因起步太晚，民進黨又高額提名，票源分散，雖獲四千多票，仍以二百票之差成為落選頭，民進黨則各區全軍覆沒。

沒當選議員，阿娟反而覺得開心，因為「政治確實不是所想像的單純」，她不喜歡披彩帶，抗拒與陌生人握手，決定今後再也不當候選人，同時改名重新出發。

一九九二年之後，她沉潛三年認真讀書，考取代書執照，自行創業。張清煙後來也漸漸淡出政治圈，讓更年輕的人去發揮，自己較常投入環保志工，不過仍時時關心政治。偶而會有一點無奈，感嘆當年許多人犧牲家庭無私奉獻，使命卻未能完成，需要更多人再多的努力。

阿娟一九九六年復出輔選彭明敏，阿扁二〇〇〇年當選總統時，她在第一線戰場與夥伴分享喜悅。四年後，二二八牽手護台灣活動，阿娟和兩個女兒手牽手一起站在行列，許多人情緒激動甚至感動的哭了。

阿娟始終秉持對政治的初衷，令人難忘的還有她清脆的廣播聲音，在大街小巷耳熟能詳，從翁金珠、周清玉、姚嘉文到謝聰敏參選，還有許多議員候選人需要錄製宣傳車口白時，第一人選非阿娟莫屬。她最喜歡台灣民謠《四季紅》配樂，直到近年選舉，許多人還是拜託阿娟錄音，可見其魅力。

回顧年輕時投入運動那麼深，當年抗爭訴求明確，大家毫無私心，凝聚力、意志力、戰鬥力強勁，為的是喚醒台灣人民主意識。欣慰的是看到多位民進黨女性新秀表現傑出，而她有機會認識各階層好友，自己成長許多，人生閱歷更加豐富，也是最大的收穫。

民進黨發起總統直選運動（邱萬興/攝影）

17 梁媽媽戰鬥餐

二〇〇四年總統大選投票日前兩天，民進黨鹿港、福興、秀水三鄉鎮後援會，聯合舉辦車隊遊行造勢。車隊出發前，卻遲遲等不到福興會長梁慶賢，經緊急聯繫，才知他因心臟病復發送醫，病情嚴峻。

這場總統選戰勢均力敵，鹿死誰手難預料，梁慶賢在台中榮總病床，仍再三掛念選情。三月二十日當天，還念念不忘要回家投票，彌留前頻頻詢問一旁的子女，是否都去投了？還說：「要堅強！要投阿扁一票！」子女則請他放心，阿扁一定會當選。傍晚他與世長辭，留給親友無限懷念。

梁慶賢一九三一年出生於福興鄉農家，自幼務農，具有平實、樸素、勤勞、忠厚的性格。二十歲時與顏水枝締結連理，婚姻美滿，育有四子二女。

梁慶賢做事積極，更有開創、求新的精神，從早期即投入一貫作業的農業機械化耕作模式，獨步一方，並響應前總統李登輝「八萬農業大軍」號召，率先加入，還擔任隊長一職，奉獻心力，獲得眾多農友讚揚。

從事農業的收入不豐，他仍熱心公益，教導子女工作要認真，不要和人計較，不要佔朋友便宜。雖然對子女的身教很嚴格，對外則很熱情，如果親友來訪，每次都會留客用餐。

房地產市場一九八五年開始活絡，由於妻弟從事建築業，梁慶賢決定賣一塊農地，一起在台中市五期重劃區投資，很幸運賺了一筆錢，讓他更無後顧之憂，得以樂善好施、關懷社會。接著會投入政治，也與他個性正直、熱愛鄉土，早期就關心民主運動有關。

一九八九年縣長選舉，梁慶賢因為親戚梁禎祥介紹而認識姚嘉文，進而擔任周清玉福興後援會會長，從此開始每次造勢或抗爭活動，不管到台北或高雄，無役不與，幾至著迷程度。直到二〇〇四年的歷次大小選舉，他都是福興後援會會長不二人選。

他自奉甚儉，不菸不酒，但對於民主運動卻從不吝嗇，出錢出力。由於誠懇待人，富有號召力，二二八牽手護台灣活動當天，動員三十五輛轎車，午餐後滿載鄉親浩浩蕩蕩出發，蔚為壯觀。

人稱「梁媽媽」的梁顏水枝，也是土生土長的福興人，由於日治時代只唸兩三年小學，認得一些漢字，但不會寫。她的記憶力卻超好，能記得每個人電話號碼，成為梁慶賢得力助手，同時夫唱婦隨，也跑遍每場造勢或抗爭活動。

周清玉當選縣長那年，梁顏水枝首次助選，也幫忙安排座談會，場場客滿。許多鄉下人對政治很敏感，原本不敢參加，她挨家挨戶熱誠邀約，更準備茶點讓大家有賓至如歸感覺。

許多鄉親印象最深刻之一，就是梁媽媽最有名的「戰鬥餐」，每次在福興舉辦大型造勢活動，她一定動員親朋好友幫忙，準備足夠飲食讓大家吃得飽，甚至有餘菜讓老年人帶回家。

二〇〇〇年民進黨首度執政，是梁慶賢夫婦最有成就感的一次輔選。後來翁金珠競選縣長，兩人一樣全力以赴。阿扁競選連任，兩人更是風雨無阻，無私無我奔走四方。

梁慶賢去世後，梁顏水枝每次選戰都被推選為會長，也全台灣走透透，經常率隊參加其他縣市造勢活動。二〇〇八年當選民進黨福興鄉黨部主委，彰化縣黨部舉辦「以台灣名義加入聯合國」聯署評比活動，她身先士卒，獲得全縣第一名。包括陳菊、賴清德、蘇治芬、林佳龍競選縣市長時，她都率隊前往助陣，多位名人都因此認識她，甚至蔡英文也知道福興鄉有一位梁媽媽。

二〇一二年總統大選，梁顏水枝始終在第一線助選，弘道基金會隔年舉辦「不老環台逗陣行」，用貨車帶領各縣市活力社區的阿公、阿嬤進行環台大接力，前進六十六個尚須鼓勵發展的社區或老人照顧機構交流，她人老心不老，全程參加，光榮取得畢業證書。

18 仲港鄉油飯大王

柯火勝是仲港鄉七嘉村人，曾任兩屆民進黨鄉黨部主委，更是和美區三鄉鎮最著名的「油飯大王」。

父親務農，家裡沒什麼恆產，他國中畢業就到台北板橋學室內裝潢，有了一技之長，當兵退伍隨即返鄉結婚開業。他技術好，有口皆碑，包括台北、台中都有人特別請他施工，知名藝人賴佩霞數十年前新婚豪宅，就是請他裝潢。

柯火勝生了一男二女，也忙於事業，初次投入政治是一九九二年立委選舉，親戚柯金德為翁金珠成立和美服務處，找他一起幫忙。選舉期間他幫忙插旗幟、發文宣、拉票，幾乎參與每一場造勢活動。在鄉下很少人敢為民進黨助選，他認為自己學識低，家裡又窮，不怕被點名做記號，因此勇敢投入。

國民黨地方派系賄選橫行，樁腳買票時都知道要跳過他家。投票當天，經常傍晚在開票所附近五十公尺外，就有國民黨樁腳開始煮羊肉火鍋，被買票的人都被叫去吃，令他越看越討厭。當年沒有手機，每次有抗議或造勢活動，柯金德一通電話來到家裡，他立即幫忙聯繫更多人。大大小小參加過的活動有多少？迄今也都忘了。

柯火勝為人正派，不參選，只有付出。在七嘉村大家都知道他頭上貼著「民進黨」，有事需陳情或幫忙都會去找他。他擔任四年鄉黨部主委，因為鄉黨部經費拮据，辦公室就設在家裡，每次活動都靠支持者一起出錢出力。

由於當裝潢師傅對尺寸拿捏非常精準，地方鄉親找人看風水時，經常會請他陪同，他也很熱心前往。他廚藝更不錯，後來開「滿漢樓」餐廳，前後經營三年，生意興隆，阿扁總統也來吃過。柯火勝說鄉下民眾的黨派分明，為了政治許多朋友甚至不歡而散，志同道合則感情更為深厚。

民進黨辦活動時有人綁肉粽、有人做點心，同心協力，他則做油飯做出了名氣。在和美區創出字號的「火勝油飯大王」，就設在偏僻的柯家住處前，以彌月、傳統油飯著名，都用新鮮台灣豬肉或鴨肉，早上七點開始現做現賣，賣完為止，連台北都有人專程來訂購。

柯火勝指出，早期立委仍是全縣一個選區，魏明谷妻子常來和美區跑行程，兩人因此熟識，他自己家裡四兄弟，沒有妹妹，因此正式認魏妻為乾妹。二〇一二年立委選戰，彰化縣第四選區（員林、田中）爭取連任的國民黨蕭景田財大氣粗，魏明谷則勢單力薄，被認為以卵擊石，各界都不看好，他也很悲觀。

不過身為乾哥的他，還是答應在某大型造勢活動贊助二千份「戰鬥餐」，早上載著一卡車豬肉和蔬菜到會場，烹煮過程一度含淚嘆息，因為根本不會當選。未料小英旋風加上國民黨內訌，蕭景田意外陰溝裡翻船，隔兩年魏明谷進一步當選縣長，這是讓柯火勝最感痛快的一件事。

他平時忙油飯、裝潢生意，偶而也做外燴工作，菜單豐富十足，物美價廉，閒暇則在家幫忙帶孫。由於人脈廣，人緣佳，更擔任伸港鄉調解委員及縣政顧問，是民進黨在地方基層的一把手。

19

哪裡最危險就往那衝

「台灣街頭運動狂飆期，哪裡最危險、最刺激？我就往那裡衝！」民進黨彰化縣黨證編號54的張源展，回顧那段青春歲月，非常豪爽的說。

張家世居埔心鄉瓦北村，他從小個性耿直，人高馬大，具正義感。婚後偶而帶妻子朱梅書去聽黨外政見會，接受民主洗禮。黃石城一九八一年參選縣長，處處飽受國民黨打壓，兩人就感同身受。

劉峰松因選舉言論被關，張源展認為不公不義，開始支持翁金珠。一九八六年他認真助選，也幫忙發傳單、綁旗子，朱梅書陪候選人跑行程，到市場和街頭拜票。造勢遊行時，夫妻更分別背著孩子一起走。

開票當晚，遲至十一點竟然還未公布當選名單，引起群情激憤。結果經過三十多年後，朱梅書彷彿充滿甜美回憶的說：「那一晚，我和女兒竟然被放鴿子，留在員林競選總部等候，直到凌晨一點他才回來接我們。這是參與民主運動那麼多年，印象最深刻的一次。」

一九八七年「二二八公義和平運動」，彰化縣也將辦理活動，警總人員竟衝進翁金珠服務處搶走所有文宣品，已借妥舉辦演講會的員林「中山堂」被取消，近二百位鄉親到會場外抗議，張源展也激動高聲吶喊。

五二〇農民運動衝突那夜，他在台北現場幸未受傷。岳父母很擔心，多次透過妻子希望他不要參與政治，不要再北上遊行，妻子說「好」，但並未轉達。管區警察也常到家裡查戶口或泡茶，強調是上級交代，夫妻倆不以為意。

周清玉返鄉參選縣長期間，由於對手背景雄厚，加上縣內黑道猖獗，包括張源展在內的六位民進黨糾察隊員，分成南北兩組，每次重大場合負責貼身保護周。後來因他頗孚眾望，很有責任感，被聘任「縣政關懷中心」溪湖區委員、翁金珠服務處監察人等職。

開貨運車維生的張源展雖然工作忙碌，經常南北奔波，但翁金珠一九九二年起連續三屆參選立委，他都擔任後援會總幹事，配合競選總部進行募款、宣傳、動員、拜票、遊行造勢等活動。

朱梅書則是家庭主婦，每次為對抗國民黨各鄉鎮「婦女會」，仍投入民進黨婦女組工作。許多鄉下婦女怕被點名作記號，甚至擔心「可能會被關」，她只能一笑置之，雖一再受挫，仍再三鼓勵。

連續生了四個女兒，每個相差約兩歲。孩子還小時或背或抱，經常跟著參加政治運動，迄今理念都和父母同陣線。朱梅書笑說：「一九八八年出生的小女兒，從小跟最多次，受影響最深。大學畢業後已在台中當老師了，太陽花學運時還趕到台北參加靜坐呢！」

張源展最佩服的是服務處組織部主任吳金河，相當有能力與活動力，還在縣內成立「忠義會」，成員約二百人涵蓋黨內各派系，向心力很強，每月定期輪流到各鄉鎮聚會，影響力甚至足以左右黨內初選。遺憾的是吳後來因故離開團隊，「忠義會」逐漸解散。

張源展也非常懷念當年單純為了政治理想，「大家滿腔熱血投入，檢警單位越嚴重警告、越強調將抓人的抗爭事件，大家越往那裡衝。」如今台灣政治氛圍反而感覺不刺激了。

與張源展、朱梅書一起投入民主運動而熟識的夫妻檔，還有吳水意夫婦、張良誠夫婦、鄧炳昌夫婦、張清煙夫婦與陳寶森夫婦等人，大家也因共同革命情感，友誼始終保持。

陳水扁總統卸任後被關，張源展認為民進黨營救不力，對黨中央很灰心，甚至因此而退黨。不過每次選舉還是很多人來找他幫忙，他也認真提供建言。二〇一四年埔心鄉長選舉，民進黨新人張乘瑜當選，跌破眾人眼鏡，張源展是幕後功臣之一。

為言論自由而自焚的鄭南榕出殯（邱萬興/攝影）

20　羅厝村三個小人物

從事黨外運動的陳菊，一九七八年六月參加施明德與艾玲達公證結婚後，因被警總搜索住處和約談而展開逃亡，經友人與美籍神父郭佳信（Fr. Ronald J Boccieri）協助，藏匿在偏僻的埔心鄉羅厝天主堂。

情治單位展開天羅地網搜捕，五天後，近百名情治人員和數十部黑頭車包圍天主堂，陳菊被捕。隔年，在台灣已服務十七年的郭神父，被國民黨政府驅逐出境。

邱濟各一九五八年出生於羅厝村，從曾祖父開始，四代都是虔誠天主教徒，有宗教意味的「濟各」，也是神父幫他取的名字。

由於父親在天主堂擔任執事，邱濟各從小在教會環境成長，備受神父疼愛。國小畢業後，雖然神父鼓勵他升學，將協助繳交費用，但考量家境清寒，底下還有弟妹，仍決定去鐵工廠當學徒。

邱濟各出外工作返家時，就曾聽父親說：「哇！神父認識好多黨外知名人士呢！」包括施明德、許信良、姚嘉文、劉峰松等人，都曾來拜訪台語流利的郭佳信神父，加上姑丈私下也提過黨外運動，他因此對這些人略有所知。

不久，美麗島事件爆發，許多黨外人士紛紛入獄，劉峰松也因選舉言論被關，翁金珠幾次代夫出征，邱濟各都聽從父親交代：「投票一定要選翁金珠！」

真正開始投入助選，是翁金珠一九九二年參選立委，邱濟各義務到各地發文宣、掛布條。某天在外張貼選舉海報，竟遭當地小混混恐嚇威脅，幸好突然下起大雨，他趕緊跑開。有一次選舉，陳菊來員林助講，他主動上前自我介紹說是羅厝村人，陳菊立即熱情和他握手，讓他很感動。

一九九〇年代的政治、社會運動，只要民進黨發出動員令，不論場合在台北、高雄或台中，邱濟各立即放下工作，自掏腰包搭車趕往參加。多年前，他開始擔任地方環保回收志工，每天還要照顧因病全身癱瘓的兒子，雖然忙碌不堪，每逢大選仍騎著「小蜜蜂」大街小巷宣傳助選。

陳德旺也住羅厝村，是邱濟各的國小同學，常一起到天主堂玩。由於教會有美援，村內貧困人家都能獲得麵粉、餅乾、奶粉等救濟品，小朋友也常吃到珍貴的可可亞。雖然他家並非天主教徒，從小仍受神父潛移默化很深。

當年陳菊來羅厝，但大家都不清楚她是何許人物，更不知是來避難。陳德旺說他和陳菊有兩次聊天話家常，每次約半小時，陳菊還介紹看一本書《民主的最愛》。

他算是對政治比較早熟，小時候看過鄰居前往國民黨某服務處陳情，還要送紅包，就很不以為然。二十二歲時，認為台灣需要強有力的反對黨，毅然加入「中國青年黨」，管區警察曾來家關心。

陳德旺經營鐵工廠事業，閒暇喜歡看黨外雜誌，也常到關心政治的高中退休老師吳瑞興住處聊天，民主理念受到頗多啟發。

一九八六年翁金珠參選國代，陳德旺熱心出錢出力，許多演講活動都負責找義工張貼海報、佈置舞台、插旗幟、整理場地及善後，偶而則串場主持。

民進黨成立，他和弟弟陳寶森都入黨，雖然調查站及溪湖警分局人員曾來家裡苦勸，說民進黨是「偽政黨」，更三番兩次找他父親遊說。兄弟都受到父親責備，兩人仍堅持理念，持續付諸行動。

國會全面改選、五二〇農民運動、反對老賊修憲、爭取總統直選等重大活動，年輕的陳德旺都在第一現場。為聲援謝聰敏在二林鎮舉辦的「反黑道」大遊行，他手持高分貝麥克風，和翁金珠一起站在民主戰車上宣傳，還擔心萬一被槍擊，事後仍餘悸猶存。

年紀小三歲的陳寶森，也一直在幕後默默付出。由於厭惡國民黨一黨獨大，民進黨宣布成立不久，他沒有介紹人，單獨就跑到翁金珠服務處申請，是彰化縣第一批入黨者，黨證編號77。

他更主動參加中央黨部糾察隊受訓，協助許多大型活動維持秩序，同時積極參與埔心鄉黨部籌備成立工作。

陳寶森和邱濟各的個性比較含蓄，陳德旺則熱情開朗，三人同心協力，認真耕耘基層。

21

最有義氣的林光銘

有主持大型活動功力，口才佳，留著兩撇性格小鬍子，外表酷似早期民進黨主席施明德，就是彰化民主運動風雲榜前幾名的林光銘。

林光銘溪湖人，從小喜歡交朋友，具有正義感，好打抱不平。十八歲加入國民黨，退伍後成為農會派系吸收的新血。

一九七九年結婚，雖然經營水電工程公司，事業忙碌，到了農會選舉，還是常早出晚歸，為派系好友抬轎奔走。某日剛出生滿月的兒子發燒，已外出數天為選舉綁樁的他，適巧返家拿衣物，妻子趕緊請他送兒子就醫。聽到後沉思數秒，竟甩頭又出門了，讓妻子傻眼不已。

林光銘身材好、體力好，游泳技術高超，也會潛水，常義務協助消防工作，若有人溺水則熱心參與打撈。他關心民主運動是受鄰居陳光華影響，由於本身喜歡藝文，對新詩、散文、歷史有興趣，開始大量閱讀黨外雜誌，又到處聽演講。

省政府在溪湖鎮辦理「湖西農地重劃」，原請當地農民停止契作一年，未料包商卻棄標不做，省政府必須重新發包，停止契作延為兩年，造成農民權益受損。

林光銘協助農民爭取權益，國代翁金珠陪同眾人前往陳情，省政府如臨大敵，派出層層警察保護，結果有農民在雙方推擠中被打。後來這起「民告官」的官司，省政府敗訴，農民都獲得賠償，他也因此和民進黨有了初次接觸。

一九九〇年民進黨推出新人楊福建在溪湖區參選議員，林光銘因先前「湖西農地重劃」事件認識來聲援的楊，義不容辭擔任競選總幹事。不過這場選戰，初出茅廬的楊僅獲四千四百多票而落選。

隔兩年林光銘接任翁金珠競選立委後援會副會長，在自辦政見會助講時，公開焚燒有十八年的國民黨黨證，並丟到台下。之後每次戰役他與陳光華、楊福建等人在溪湖各地奔走，尤其縣長、立委選舉時，更成為「民主戰車」演講者第一把交椅。

楊福建四年後再度出馬參選議員，林光銘又一次擔任總幹事，用盡全力助選卻仍敗北，令他悲憤不已，毅然剃光頭，一度決心不再涉入選舉活動。接下來的村長、鎮代、省長、省議員選舉，他信守承諾均不過問。然而民主運動的使命感，還是讓他重新復出，一九九五年再度出任翁金珠競選立委後援會總幹事。

陳光華競選鎮長落敗，擔任民進黨溪湖鎮黨部第一屆主委時，與林光銘相輔相成，兩人合作無間。後來林光銘也接任縣黨部執行委員、鎮黨部主委等職。他在農友間同樣非常活躍，擔任鎮農會監事，經常為農民爭取權益。鎮公所開闢西環道路，居民組成「徵收受益費受害者自救會」，他也擔任總幹事協助。

因為幫楊福建助選，兩人結為莫逆之交，在眾人努力下，楊福建第三度出征終於當選，連任三屆縣議員。林光銘妻子感嘆指出：「對朋友盡心盡力，像他如此付出者，社會上已很少見了。」

除了選舉和街頭抗爭，其實林光銘有更多溫柔的一面。三個兒女成長過程都是妻子在照顧，孩子還小時，有一天女兒突然說：「媽媽！我怎麼好久不見爸爸？都快不認得爸爸了！」深夜回到家，妻子轉述女兒心聲，他才開始有所收斂。

三個兒女都唸湖南國小，連續十一年每週一到週三放學時間，他會放下手邊工作站在校門口指揮交通。他說：「這也是服務社會，見小朋友平安穿越道路，內心就覺得安慰。」

一九九三年由香腸族發起成立的「彰化縣救難協會」，不僅警察機關十分倚重，二百多位會員也以能救人無數而自豪。專司水難救助的總務組長林光銘，經常三更半夜出任務，每次接到無線電通知，五分鐘內就得趕往現場。幸好有另一半的支持與打氣，才無後顧之憂。

對於林光銘狂熱投入政治，妻子則從反對、認同、默默支持到全力相挺。雖然回家不會談政治，也不曾邀請加入，後來因丈夫對民主理想的執著而感動，她也主動辦理入黨，並參與各項助選。

林光銘因癌症於五十七歲去世，生前樂觀也度過精采人生，見證台灣政黨輪替讓他毫無遺憾。告別式在溪湖舉行，家屬沒有發訃聞，南北各界數百名好友竟不約而同湧進會場。「有義氣！幫人不求回報！」許多朋友如此稱讚敬悼林光銘。

22 黨外鐵娘子助理

從事補教事業多年的彭國成，人脈廣闊，曾任彰化縣扁友會執行總幹事、長工會總幹事、小英之友會總幹事等職，助選經歷豐富。

彭國成一九五六年出生於田尾鄉政治世家，家族屬於國民黨地方派系，部分長輩分別擔任鄉長、農會總幹事或鄉民代表，他也被規劃為第三代接棒人。不過美麗島事件之後，改變了他的想法，開始關心黨外運動。

一九八〇年代初期，單身的彭國成白天在台中補習班任教，晚上則就讀中興大學外文系夜間部，生活頗愜意。由於租屋處離立委許榮淑服務處很近，有空經常前往聽演講，主動擔任志工或幫忙插旗幟。服務處主任是賴茂州，核心幹部包括李明憲等多人，他和李明憲交情最好。

許榮淑發現他很熱心，辦事認真，人又長得斯文，因此邀他更進一步參與。周末假日，許榮淑從立法院回台中跑行程，他則擔任隨行秘書，經常陪同拜訪各地人士，另一位助理是吳阿海，司機則固定是許清海。

民進黨成立前後五年，他投入最深，也是台灣政治與社會運動的狂飆期，他經常跟在許榮淑旁邊。許榮淑有「黨外鐵娘子」之稱，一九八九年立委選舉更拿下全國最高票，也是彭國成最有成就感的一次選戰。

一九九〇年結婚，女兒於隔年秋天出生，彭國成與妻子討論後，決定將重心改放在家庭，同時回員林開補習班。由於創業維艱，必須用更多心力，因而與政治漸行漸遠，將近空白了十年。

直到陳水扁第一次參選總統，重新燃起他的政治熱情，再度投入輔選行列，並加入民進黨，擔任彰化縣扁友會辦公室主任，四年後擔任扁友會執行總幹事。

彭國成在彰化縣助選過的公職，包括翁金珠、周清玉、江昭儀、邱創進、魏明谷、陳素月等人，他自己則曾在北斗區參選縣議員，獲六千票左右，排名第五，卻被婦女保障名額擠落榜，另一位民進黨當選人則獲一萬三千票。

他印象最深是桃園機場事件，群眾擠爆機場外圍，鎮暴部隊噴灑水柱、瓦斯驅散。那也是彭國成最年輕氣盛的時候，面對著鎮暴部隊，勇敢率一群人上前挑戰國民黨爪牙，覺得很痛快。

許榮淑位於台中市北區五權路的服務處，經常舉辦演講會，鎮暴部隊就在四周架起刺網封鎖道路，外圍則擠滿關心政治的民眾。民進黨在光復國小外操場舉辦活動，更是萬人空巷，他身歷其境感受特別激動。

許榮淑也是彭國成結婚的媒人，情誼深厚，迄今每次相遇，一定畢恭畢敬稱呼「頭家娘」。許榮淑幾次參選不分區立委，他都負責彰化縣固票，後來許自創政黨，已被民進黨開除，他偶而仍會前往探望，被認為「最有情有義」。

23 異議分子丁國興

一直自認是無黨籍身分，雖曾一度加入國民黨，丁國興卻被認為是如假包換的「民進黨」，也是線西鄉帶動綠色改變的第一人。

一九五五年出生於線西鄉寓埔村，縣立和美中學初中部畢業，家裡務農，丁國興則在退伍後，於海埔新生地從事養殖業。

姚嘉文返鄉參選國代那年，他就和姚見過面了；因為翁金珠曾任線西國小音樂老師，教過他弟弟，他也因此很早認識。

美麗島事件之後，丁國興開始認真關心民主運動，認為台灣要民主化，不能國民黨一黨獨大。周清玉在台北市參選國代，他專程北上聽講並捐款，翁金珠兩度競選省議員，他也私下幫忙拉票。

他常到和美鎮或彰化市書局買黨外雜誌，然而線西就像民主沙漠般，關心黨外運動的人不多，政府各基層單位和民意機關都由國民黨掌控。

一九八二年他以無黨籍身分選上鄉民代表，國民黨「民眾服務站」主任立即到家裡拜訪，積極邀他入黨，結果其他幾位無黨籍也都加入，十一席鄉代全是黨員，有如一言堂，不過他從未繳過黨費。

在代表會審查鄉公所預算時，他曾針對部分黨政不分的經費有異議，例如補助婦女會預算等，但孤掌難鳴，加上多人來拜託，他也難以突破。

投入政治後，他也發現地方人士若想參選，都要巴結或送錢給國民黨黨官，才有機會獲提名，基層警察也同流合汙，無公平正義可言，也因此他和國民黨漸行漸遠。

黃石城縣長任內開發彰濱工業區，他曾率領眾多養殖業者陳情，強調「支持開發、反對污染」立場，與前來聲援的民進黨楊文彬等人漸有聯繫。後來，周清玉參選彰化縣長，他擔任線西鄉後援會會長力挺。

丁國興連任一屆鄉代後，已更上一層樓，當選鄉代會副主席，與民進黨互動密切，但未正式入黨。他喜歡自由自在，入黨則感覺有壓力。一九九〇年在周清玉等人鼓勵下，他決定投入鄉長選戰，但和他同派系的鄉代會秘書黃正義卻也參選，結果雙雙落敗，讓國民黨提名的黃榮吉贏得勝選。

四年後，他全力支持黃正義角逐鄉長，並擔任競選總幹事，黃以無黨籍當選兩屆鄉長，任內因病去世，後來歷屆鄉長都是他們同派系的人出任。

不過，多年來因為政治，他看盡人性醜陋面，也看到一些好友為了權位，彼此情誼破裂。甚至有人因一場鄉長選舉，花了近四千萬，差點破產，太太眼見一袋袋鈔票往外送，在家傷心流淚不已。

他後來堅持不介入地方派系的競爭，歷屆大選則為民進黨助陣，同時堅定認為台灣要政黨輪替，民主才會進步。他經常到鄉間基層與民眾聚會討論，偶而則被人指罵是「民進黨」。

丁國興口才佳，主持活動有大將之風，無黨籍當選三屆立委的黃明和是線西鄉出身，選舉成立後援會也是拜託他出面主持。

翁金珠首度參選縣長，丁國興擔任線西鄉後援會會長。早年他還是鄉代會副主席，主席是無黨籍的蘇賜木，後來他鼓勵蘇在二〇〇〇年總統大選一起支持陳水扁，也推薦蘇在翁二度參選縣長時擔任後援會會長。

由於喜歡到卡拉OK唱歌，上台演講經驗也豐富，丁國興在現場能臨機應變，而且常引用一些小故事，加上就事論事，婉轉批評時政，台下群眾都很喜歡聽。

丁國興最常引用謝長廷的一個笑話為橋段：一群傻子看到一個聰明人進門來，群起笑說：「哈哈！傻子來了！傻子來了！」反之亦然，一群聰明人，若看到一個傻子進門來，也是如此反應。

他認為民主政治就是比人頭，他過去被稱為「異議分子」，加入民進黨的人則被一群人指為「傻子」。如今政黨輪替，民進黨已全面執政，可見真正民主政治意義以及時代潮流的進步。

24

身障舉重國手葉春秋

「我經常代表出國競賽，並非為了爭獎牌，而是為了解各先進國家現況，做為改革台灣制度的參考。」曾任身障奧運舉重國手的葉春秋，很坦白透露當年心路歷程。

葉春秋一九六一年出生於彰化市桃源里，由於童年感染小兒痲痺症，導致一腿行動不便，但不影響其活潑好動的個性，後來更勤練舉重，立志當選國手，一舉成名。

他在台灣比賽連續多年奪得身障組四十八公斤級第一名，也分別去過德國、英國、越南、中國、奧地利等地，參加身障奧運或世界盃競賽。最光榮紀錄是一九九一年到英國參賽獲得第二名，舉重成績九十二點五公斤，回國後獲頒「中正體育二等獎章」和中華民國體育總會「二等二級獎章」。

出國參賽，在個人競賽項目結束後，他常抽空四處走走，認真研究該國政治、經濟、社會制度、交通、文化、教育、醫療等。他認為好的民主國家，就是能夠從人一出生照顧到老，老人還享有年金福利。

葉春秋喜歡研究：「人要怎麼活，才活得快樂，並有意義？」從而得到結論：「就是國家要走民主、自由之路！」如果沒有人權，例如北韓和中國，人民就不快樂。台灣則要有方向、有理念的持續向前，爭取制度化的自由、民主、法治與社會福利。

當年他到英國比賽，上場時，司儀播報「China Taipei」，他提出抗議，要求改稱「Chinese Taipei」，司儀立即從善如流。他認為運動比賽是中性的，當然如果可以改稱 Taiwan 更理想。

另一年，葉春秋到中國北京比賽，服務員都是北京大學的學生，部分學生看到他的個人名片印有民進黨旗幟，私下都指他是「台獨黨」。他不以為意，甚至晚上邀請多位北大學生，面對面談論政治與經濟問題，他不怕挑戰，因為對方根本都是籠中鳥。

舉重賽程進入四十八公斤級時，輪到他出場，司儀高喊「中國台北」，他提出抗議，要求改稱「中華民國」，未被理會。司儀連續唱名三次，他都提出抗議而未上場，最後被裁判以棄權論。

他強調自己底線是「台灣」，他參賽並非為了獎牌，而是為了解各國政治，司儀縱使叫十聲「中國台北」，他也拒絕上場。這起事件讓率隊的舉重協會理事長很緊張，一再請葉春秋「要注意，不要又說錯話！」但他毫不在乎，堅持民主自由就是要百分百，減一分都不行。

葉春秋開始關心政治，緣起於一九八六年立委選戰期間，他常到許榮淑彰化服務處找朋友，聽眾人談論政治，覺得很有道理，自己漸漸開始投入。後來，民進黨發動許多大小抗爭，包括國會全面改選、爭取總統直選、爭取老農年金、要求核四停建、還我土地運動，他幾乎每場都參加。

五二〇農運當天，警民發生激烈衝突事件，他也在台北現場。另外，林義雄發起核四公投運動，要求立法院凍結預算以及核四停建，跟隨者共二百二十三人，他是其中之一。前一晚還先事先演練，每人並都簽下切結書，準備若衝進立法院抗爭，有事自行負責。

葉春秋國中畢業後，曾考上彰化縣著名的私立精誠中學，但因家境不好，未繼續升學。他後來以販賣泉水和製作廣告看板為業，工作時間頗彈性，也曾任社區總幹事，平時則自修政治理念。

參與民主運動多年，他不曾覺得有挫折感，早期助選過翁金珠、周清玉、謝聰敏、邱創進、柯金德等人，不單單是支持他們當選與否，而是為了台灣更向前走。

他迄今最有成就感的是台灣總統民選，以及爭取言論自由和廢除《刑法》第一百條運動。最敬佩的則是林義雄和盧修一，反核四運動時，盧修一在立法院一夫當關，更嚴厲要求警察不得對民眾動粗，否則一定算帳到底，令他印象最深刻。

25 秀水鄉土地公林振利

從參與民主運動開始，林振利在秀水鄉經歷不少選戰，曾任會長、總幹事、辦公室主任，被稱為功勳彪炳的老將。縱使白髮蒼蒼，仍是鄉親心目中永遠的「主任」，一輩子共同守護台灣民主。

一九四六年出生的林振利，十四歲到彰化市學裁縫，經過三年四個月訓練而成為師傅。二十六歲那年決定到台中自行開業，由於手藝佳，生意源源不斷，卻不擅理財與經營。一年後選擇返鄉穩紮穩打，裁縫事業才逐漸穩定。

一九七〇年代後期，他開始閱讀黨外雜誌，對政治黑暗面初步有所認識。後來黃石城第一次參選縣長落敗，親眼目睹國民黨用盡各種惡質手段，讓林振利更加失望。

翁金珠當選國代後，早期重點發展都在員林，經常舉辦活動。林振利裁縫店工作忙碌，若有空立即趕往參加，認識了許多同鄉好友，大家回到秀水更常私下聚會討論時事。

他一九八八年加入民進黨，翁金珠、周清玉歷次選戰，他和好友們或多或少幫忙一些。但真正讓大家團結起來，同心協力為一場選戰打拚，應該是為梁禎祥參選議員助陣而開始。

梁禎祥初次出征，以數百票之差落選，但民進黨秀水鄉黨部隨後正式成立，梁擔任第一屆主委，林振利等人全力輔助，積極擴大組織力量。鄉黨部並有組訓、宣傳、財務、農工、糾察、環保、活動組，麻雀雖小，五臟俱全，成為民主改革運動的種子。

一九九二年立委選戰，林振利首度擔任秀水後援會會長，他負責翁金珠競選辦事處，梁禎祥負責姚嘉文競選辦事處，鄉黨部共同輔選，翁、姚雙雙高票當選。

林振利回憶說，他原本擔任總幹事，後來才接會長職務，每天上午八點到辦事處開門，忙到晚上十一點才回家。雖掛名會長，實際則「校長兼撞鐘」，包括綁宣傳旗幟、貼海報、舉辦演講會等大小事務，都要親自去做。

當年選舉經費拮据，辦公室僅請一位行政小妹，幸好有兩位副會長林忠舜、黃熯祥義務分擔工作。若請人綁旗幟，一天就要三千八百元費用，實在花不起。

林振利待人和氣，處事認真又細膩，頗受好評。包括陳定南競選台灣省長、陳忠孝選省議員、彭明敏選總統，他都被禮聘為秀水競選辦公室主任，眾好友敬稱他為「土地公」，有他坐鎮，萬事都順利。

他毛筆字寫的又好又快，各候選人送輓聯、喜幛也都由他執筆。民進黨漸漸受到民眾肯定，加上林振利具公信力，歷年選戰各界樂捐經費一次比一次多。

以二〇〇〇年總統大選為例，秀水鄉收到無數比小額捐款贊助，加起來有一百萬元左右，更顯示人民的高度期待。該年總統選戰，也是他助選生涯最緊張的一次，由於國民黨分裂，民進黨有機會脫穎而出。但宋楚瑜聲勢高漲，大家都擔心其得票數，最後陳水扁以三十萬票之差險勝，林振利彷彿自己中了頭彩興奮不已。

從三十多歲開始關心政治，到了七十多歲還是堅守在秀水的崗位，每天都有一些老友輪番到他家走動，宛如民進黨在地聯絡中心。位於曾厝村民生路的住家對面，就是梁禎祥服務處，也由三位民進黨鄉代持續服務，和林振利互動密切。他就像一群人的精神領袖，堅毅地與大家一起往前邁進。

國家圖書館出版品預行編目（CIP）資料
大時代小記者:一個眷村台灣人的私房筆記 / 曾明財著. -- 初版. -- 高雄市：巨流圖書股份有限公司, 2024.04
面； 公分
ISBN 978-957-732-712-3(平裝)
1.CST: 曾明財 2.CST: 記者 3.CST: 回憶錄
783.3886 113002676

大時代小記者：一個眷村台灣人的私房筆記

作　　者　曾明財
發 行 人　楊曉華
編　　輯　邱仕弘
封面設計　盧卡斯工作室 LucAce workshop
內文排版　菩薩蠻數位文化

出 版 者　巨流圖書股份有限公司
802019 高雄市苓雅區五福一路 57 號 2 樓之 2
電話：07-2265267
傳真：07-2233073
購書專線：07-2265267 轉 236
E-mail：order1@liwen.com.tw
LINE ID：@sxs1780d
線上購書：https://www.chuliu.com.tw/
臺北分公司　100003 臺北市中正區重慶南路一段 57 號 10 樓之 12
電話：02-29222396
傳真：02-29220464
法律顧問　林廷隆律師
電話：02-29658212

刷　　次　初版一刷・2024 年 4 月
初版二刷・2024 年 5 月
定　　價　460 元
I S B N　978-957-732-712-3（平裝）

卓越新聞獎 27